**Гасло 2022 року:**

*Ісус Христос говорить:*

**Хто приходить до Мене,**

**Я не вижену геть.**

Івана 6:37

## Гасла місяців:

| |
|---|
| Січень: Ісус Христос говорить: Ходіть і подивитеся! *Івана 1:39* |
| Лютий: Гніваючись, – не грішить; сонце хай не заходить у вашому гніві. *Ефесян 4:26* |
| Березень: Постійно моліться духом усякою молитвою і проханням, дбайте про це з усякою витривалістю і благанням за всіх святих. Ефесян 6:18 |
| Квітень: Приходить Марія Магдалина і звіщає учням, зо бачила Господа і що Він сказав їй це. *Івана 20:18* |
| Травень: Молюся, щоб тобі добре велося в усьому і щоб ти був здоровий, як добре ведеться твоїй душі. *3 Івана* 2 |
| Червень: Поклади мене печаткою на своєму серці, як перстень на свою руку, адже любов міцна, як смерть. *Пісня Пісень 8:6* |
| Липень: Моя душа прагне Бога, – Живого Бога! *Псалом 42:3* |
| Серпень: Нехай веселяться перед Господом усі лісові дерева, бо Він гряде судити землю! *1 Хронік 16:33* |
| Вересень: Кохати Бога це найпрекрасніша мудрість. *Сираха 1:10* |
| Жовтень: Великі та дивні діла Твої, Господи Боже Вседержителю! Праведні й правдиві дороги Твої, Царю народів! *Об'явлення 15:3* |
| Листопад: Горе тим, котрі зло величають добром, а добро – злом; котрі темряву вважають світлом, а світло – темрявою; котрі гірке називають солодким, а солодке – гірким. *Ісаї 5:20* |
| Грудень: Тоді вовк житиме з ягням, і леопард лежатиме з козеням, – і телятко, і левеня, і віл будуть разом, а мала дитина їх водитиме. *Ісаї 11:6* |

## Субота, 1 січня

**Обрізання Господнє та наречення ім'я Ісус** (білий)
Гасло дня: **«Ісус Христос учора, сьогодні й навіки Той Самий».** Єв.13:8

Текст до проповіді: **Дії 4:8-12**
Псалом 8:2-10
Буття 17:1-5(6-8)9-13(23-27) Галатам 4:4-7; Луки 2:21

Навіть якщо намовлятиме тебе твій брат, син твоєї матері, або твій син чи твоя дочка, або дружина твого лона, чи твій приятель, якого любиш як самого себе, потайки говорячи: Підемо й служитимемо іншим богам, – то ти не погоджуйся з ним і не слухай його. Твоє око не матиме до нього пощади, не співчуватимеш і не укриватимеш його. Книга Второзаконня 13:6,8
Ісус сказав: «Хто виконує Божу волю, той Мені брат, і сестра, і мати». Марка 3:35

## Неділя, 2 січня

**Перша неділя після Різдва** (білий)

Гасло тижня: **«І ми побачили славу Його, - славу як Єдинородного від Отця».** Ів.1:14б

Текст до проповіді: **1Іван 5:11-13**

Псалом 71:1-3.12.14-18

Ісаї 49:13-16; Луки 2:41-52

Подивіться тепер, що це Я, Я Той, що є, й окрім Мене немає Бога. Я позбавляю життя і наділяю життям, Я вражаю і виліковую, із Моєї руки ніхто не зможе врятуватись. Книга Второзаконня 32:39

Якщо живемо, – для Господа живемо; якщо вмираємо, – для Господа вмираємо. Отже, чи живемо, чи вмираємо, – ми є Господні! Римлян 14:8

**<u>Понеділок, 3 січня</u>**

Адже Ти, Господи, є серед нас, і Твоїм Ім'ям ми названі, – тож не залишай нас! Єремії 14:9
Просвітивши очі вашого серця, щоб ви знали, якою є надія Його покликання, яке багатство слави Його спадщини у святих. Ефесян 1:18

**<u>Вівторок, 4 січня</u>**

Помилуй мене, Боже, помилуй мене, бо на Тебе покладається душа моя. Псалом 57:2
З Його повноти ми всі одержували благодать за благодаттю. Івана 1:16

**<u>Середа, 5 січня</u>**

Господь сказав: «Я помилую того, до кого милостивий, і виявлю милосердя тому, до кого буду милосердний». Вихід 33:19
Адже ви знаєте благодать нашого Господа Ісуса Христа, що, будучи багатим, заради вас Він аби ви збагатилися Його зубожінням. 2 Коринтян 8:9

**Четвер, 6 січня**

**Епіфанія (Богоявлення)** *(білий)*

Гасло дня: **«Темрява минає, і вже сяє істинне світло».** 1 Івана 2:8б

Текст до проповіді: **Івана 1:15-18**

Псалом 72:1-3.10-12.17б-19

Ісаї 60:1-6; Ефесян 3:1-7; Матвія 2:1-12

Я очищу їх від усякого їхнього морального бруду, яким вони опоганились переді Мною, і прощу всі їхні беззаконня, якими вони грішили проти Мене, відступивши від Мене. Єремії 33:8

Він – примирення за наші гріхи, і не тільки за наші, а й за гріхи всього світу. 1 Івана 2:2

**П'ятниця, 7 січня**

Тож нині усвідом й візьми до свого серця, що Господь є Богом на небі вгорі й на землі внизу, – й іншого немає. Книга Второзаконня 4:39

Тому що Бог уподобав, аби в Ньому перебувала вся повнота, щоби через Нього примирити із Собою все, примирити кров'ю Його хреста, – і земне, і небесне. Колосян 1:19-20

**Субота, 8 січня**

І все ж тепер є у мене на небі Свідок, – мій Заступник спостерігає з висоти. Йов 16:19

Віра є підставою для надії, те, що переконує про речі, недоступні для споглядання. Євреїв 11:1

## Неділя, 9 січня

**Перша неділя після Епіфанії** (білий)
Гасло тижня: **«Всі, яких веде Божий Дух, - сини Божі».** Рим 8:14

Текст до проповіді: **Ісаї 42:1-9**
Псалом 89:2-5.27-30
Рим 12:1-8; Матвія 3:13-17

Горе тим, котрі йдуть в Єгипет за допомогою, що покладаються на коней і надіються на військові колісниці, мовляв, їх у них багато, тоді як на Святого Ізраїлевого не звертають уваги і не шукають Господа. Ісаї 31:1
Ось чому ми повинні бути надзвичайно уважними до почутого, щоби часом не відпасти. Євреїв 2:1

## Понеділок, 10 січня

Хто зауважує свої помилки? Від таємних провин очисти мене. Псалом 19:13
Господь, освітить таємниці пітьми, і виявить задуми сердець, – тоді кожному буде похвала від Бога. 1 Коринтян 4:5

**Вівторок, 11 січня**

Де багато снів, – як і при багатослів'ї, багато й марноти, але ти бійся Бога! Екклезіаст 5:6

Хай ніхто вас не зводить удаваною покорою і служінням ангелам, вдаючись до того, чого не бачив, безпідставно пишаючись своїм тілесним розумом, не тримаючись Голови, від Якої все тіло єднається і зміцнюється суглобами та зв'язками, зростає Божим ростом. Колосян 2:18-19

**Середа, 12 січня**

Але Господь є справжнім Богом, – Він живий Бог, вічний Цар! Єремії 10:10

Ісус сказав: «Славлю Тебе, Отче, Господи неба й землі, що втаїв Ти це від премудрих та розумних і відкрив те немовлятам». Матвія 11:25

**Четвер, 13 січня**

Ті, що прагнуть Твого спасіння, хай постійно говорять: Будь звеличений, Боже! Псалом 70:5

Бог терпіння і втіхи нехай дасть вам бути однодумними між собою – за прикладом Ісуса Христа, щоб однодушно, одними вустами, ви славили Бога і Отця Господа нашого Ісуса Христа. Римлян 15:5-6

**П'ятниця, 14 січня**

Господь учинив для нас велике, – ми справді раділи! Псалом 126:3
Благословенний Бог і Отець Господа нашого Ісуса Христа, Який поблагословив нас усяким духовним благословенням на небесах у Христі. Ефесян 1:3

**Субота, 15 січня**

Він же був зранений за наші гріхи, був катований за наші провини. Ісаї 53:5
Того, Хто не знав гріха, Він зробив за нас гріхом, щоб ми в Ньому стали Божою праведністю. 2 Кор 5:21

**Неділя, 16 січня**

**Друга неділя після Епіфанії** (зелений)
Гасло тижня: **«З Його повноти ми всі одержували благодать за благодаттю».** Івана 1:16

Текст до проповіді: **1 Коринтян 2:1-10**
Псалом 105:1-8
Вихід 33:18-23; Івана 2:1-11

Шукайте Господа і силу Його, завжди шукайте Його обличчя. Псалом 105:4
Бо кожний, хто просить, – одержує; і хто шукає, – знаходить, а тому, хто стукає, – відчиняють. Луки 11:10

**Понеділок, 17 січня**

Хваліте Господа! Адже добре співати нашому Богові, – це також приємно. Хвала личить Йому. Псалом 147:1

Повчаючи самих себе псалмами, урочистими та духовними піснями, співаючи і прославляючи у ваших серцях Господа. Ефесян 5:19

**Вівторок, 18 січня**

Паси Свій народ Своїм посохом. Михей 7:14

Вівці йдуть за ним [пастухом], бо знають його голос. Івана 10:4

**Середа, 19 січня**

Хто насміхається з убогого, той зневажає його Творця, як і той, хто радіє нещастю іншого, – обидва не уникнуть кари. Притчі Соломона 17:5

Блаженні милосердні, бо вони помилувані будуть. Матвія 5:7

**Четвер, 20 січня**

Небеса розповідають про Божу славу. Псалом 19:2

Поклоніться Тому, Хто створив небо, землю, море і джерела вод! Об'явлення 14:7

**П'ятниця, 21 січня**

Але ж Ти, Господи, – наш Отець! Ми лише глина, а Ти – наш Творець, й усі ми – творива Твоїх рук! Ісаї 64:7
Не ви Мене вибрали, але Я вибрав вас і настановив вас, щоб ви йшлита плід приносили, і щоби плід ваш залишався. Івана 15:16

**Субота, 22 січня**

Адже всякий військовий чобіт, що гучно крокує, і одяг заплямований кров'ю, будуть спалені, – віддані на їжу вогню. Ісаї 9:4
Через превелике милосердя нашого Бога, в якому нас відвідає Схід з висоти, освітити тих, які перебувають у темряві та в смертній тіні, й спрямувати наші ноги на дорогу миру! Луки 1:78-79

## Неділя, 23 січня

**Третя неділя після Епіфанії** (зелений)
Гасло тижня: **«І прийдуть зі сходу, із заходу, з півночі, з півдня, і сядуть у Царстві Божому».** Луки 13:29

Текст до проповіді: **Матвія 8:5-13**
Псалом 86:1-2.5-11
2Царств (4Царств) 5:1-19а; Римлян 1:13-17

Тож співатиму Господеві протягом усього свого життя, - прославлятиму мого Бога, доки живу. Псалом 104:33
Як хтось між вами страждає, нехай молиться. Як хтось радіє, нехай співає псалми. Якова 5:13

## Понеділок, 24 січня

А коли б я сказав: Ось темрява вкриє мене, і замість світла хай ніч огорне мене. Але й темрява не темна для Тебе, і ніч така ж світла, як день, – темрява стала би світлом. Псалом 139:11-12
Коли ж заходило сонце, всі, які мали хворих на різні недуги, приводили їх до Нього, а Він, покладаючи на кожного з них руки, оздоровляв їх. Луки 4:40

**Вівторок, 25 січня**

**Свято навернення апостола Павла** (червоний)

Напоумляй мене, Господи, але за Своїм правосуддям, й не в Своєму гніві, щоб мені не загинути. Еремії 10:24

Бог призначив нас не на гнів, а на те, щоб ми одержали спасіння через Господа нашого Ісуса Христа. 1 Солунян 5:9

**Середа, 26 січня**

Нехай Твої діяння стануть зрозумілими Твоїм слугам і величність Твоя – їхнім дітям. Псалом 90:16

І Слово стало тілом, і перебувало між нами, і ми побачили славу Його, – славу як Єдинородного від Отця, повного благодаті й істини. Івана 1:14

**Четвер, 27 січня**

Господнє ж милосердя незмінне від віку й до віку щодо тих, котрі шанують Його, і справедливість Його – до нащадків їхніх дітей, котрі дотримуються Його Заповіту й пам’ятають про Його Заповіді, виконуючи їх. Псалом 103:17-18

Ісус Христос учора, сьогодні й навіки Той Самий! Євреїв 13:8

**П'ятниця, 28 січня**

Лише в Бозі заспокоюється моя душа, адже на Нього надія моя. Псалом 62:6

Хто має вуха, нехай слухає. Матвія 11:15

**Субота, 29 січня**

Я врятую їх від усіх тих місць, де вони грішили, й очищу їх, - вони Моїм народом. Єзекіїля 37:23
Хіба не знаєте, що ви – храм Божий, і що Божий Дух живе в вас? 1 Коринтян 3:16

**Неділя, 30 січня**

**Остання неділя після Епіфанії – свято Преображення Господнього** (білий)
Гасло тижня: «**Над тобою засяяв Господь, і Його слава осяяла тебе».** Ісаї 60:2б

Текст до проповіді: **Вихід 34:29-35**
Псалом 97:1-12
Вихід 3:1-15; 2 Коринтян 4:6-10; Матвія 17:1-9

Вже ніколи не будемо називати нашим богом діло своїх рук! Осії 14:4
Бо яка користь людині, якщо придбає весь світ, але занапастить душу свою? Марк 8:36

**Понеділок, 31 січня**

Повертайтеся, діти-відступники! Я вилікую ваше відступництво! Ось ми йдемо до Тебе, бо Ти – Господь, наш Бог! Єремії 3:22
Адже ви були як блукаючі вівці, а тепер повернулися до пастиря і наставника ваших душ. 1 Петра 2:25

## Вівторок, 1 лютого

А врятоване з Юдиного роду, що залишиться, глибоко пустить коріння і принесе для Неба плоди. 2 Царів 19:30
Якщо корінь святий, то й гілля святе. Римлян 11:16

Читання: Євангелія від Луки 1:1-4
Ким був Лука – автор Євангелії? Що відомо зі Святого Письма про його біографію? Звідки він дізнався про історію Ісуса та чому вирішив її записати? Автором якої ще книги він є?

## Середа, 2 лютого

Я буду благословляти Господа завжди; Його хвала буде постійно в моїх устах. Псалом 34:1
Радійте завжди, моліться безперестанку, дякуйте за будь -яких обставин.1 Солунян 5:16-18

Читання: Євангелія від Луки 1:5-25
Що ми знаємо про Захарія та Єлисавету? Чому, незважаючи на їхнє праведне життя, люди їм докоряли (Лук.1:6,25)? Як приклад цього подружжя може надихнути нас віддано служити Господеві, незважаючи на вік, стан здоров'я, мрії, що не здійснилися та людей, що не здатні зрозуміти нас?

**Четвер, 3 лютого**

Спаси нас, Боже нашого спасіння, і збери нас! Визволи нас з-поміж народів, щоб ми могли оспівувати Твоє святе Ім'я. 1 Хронік 16:35
Ісус молився: Отче Святий, збережи їх у Твоє Ім'я – тих, кого Ти Мені дав, – щоби були одне, як і Ми. Івана 17:11

Читання: Євангелія від Луки 1:26-38
Яку роль в цих подіях відіграє ангол? Як його звали? Хто такі анголи? Які задачі вони виконують? Чи можемо ми сьогодні розраховувати на їхню допомогу та підтримку?

**П'ятниця, 4 лютого**

Перед сивоголовим вставай і особу в похилому віці вшановуй. Левит 19:32
Любіть один одного по-братерськи, пошаною один одного випереджайте. Римлян 12:10

Читання: Євангелія від Луки 1:26-38
Як герої цих подій реагують на Бога, Його посланців та одкровення? Які емоції, позитивні та негативні, згадуються в їхньому описі? Які емоції найчастіше супроводжують наш досвід богопізнання?

## Субота, 5 лютого

Блаженний народ, для якого Господь є Його Богом, – люди, яких Він обрав собі у спадщину! Псалом 33:12
А оскільки ви – сини, то Бог послав у наші серця Духа Свого Сина, Який кличе: Авва, Отче!
Тому ти вже не раб, а син, а якщо син, то [через Христа] й спадкоємець Божий. Галатів 4:6-7

Читання: Євангелія від Луки 1:39-56
Які якості Божого характеру згадуються чи звеличуються в цьому розділі? Чому вони були важливими для описаних тут героїв? Наскільки значущими ці якості є для нас сьогодні?

## Неділя, 6 лютого

**4 неділя перед Страсним часом** (зелений)

Гасло тижня: **«Прийдіть і подивіться на Божі вчинки, - Його діла заради людських синів дивовижні»** Псалом 66:5

Текст до проповіді: **Матвія 14:22-33**

Псалом 97:1-12

Ісаї 51:9-16; 2 Коринтян 1:8-11; Марка 4:35-41

Коли Він повстане, то пастиме Господньою силою, і в славі Імені Господа Свого Бога. Михей 5:3

Побачивши ж юрби, Він змилосердився над ними, оскільки були втомлені та розпорошені, наче вівці, які не мають пастуха. Матвія 9:36

Читання: Євангелія від Луки 1: 57-80

Чого ми можемо навчитися зі славослов'я Єлисавети, Марії, Захарії? Чому наші власні молитви найчастіше звучать менш піднесено чи більш буденно, ніж їхні?

## Понеділок, 7 лютого

Своїм опеbecause Він закриє тебе, тому під Його крилами ти будеш у безпеці. Псалом 91:4
І мир Божий, який перевищує всяке розуміння, нехай береже ваші серця і ваші думки в Христі Ісусі. Филип'ян 4:7

Читання: Євангелія від Луки 1: 57-80
Скільки разів та з якою метою в цьому розділі згадується Дух Святий? Яку роль Він відіграє сьогодні в нашому житті?

## Вівторок, 8 лютого

Не бійтеся наруги з боку людей, і їхнього лихослів'я не жахайтесь. Ісаї 51:7
Борися добрим подвигом віри, тримайся вічного життя, до якого ти був покликаний, склавши добре визнання перед багатьма свідками. 1 Тимофія 6:12

Читання: Євангелія від Луки 2:1-5
Які деталі в тексті вказують на ретельне та сумлінне дослідження, проведене Лукою в процесі написання цієї книги? Чи можна взяти з цього корисний урок для нас? Знайдіть на мапі Назарет та Віфлеєм. Як далеко вони розташовані один від одного? Чи легко було Йосипові з вагітною Марією подолати такий шлях? Навіщо взагалі проводився цей перепис?

## Середа, 9 лютого

Його владарювання простягатиметься від моря до моря й ... до країв землі. Захарії 9:10

Бог надзвичайно звеличив Його та дав Йому Ім'я, яке вище всякого іншого імені, аби перед Ім'ям Ісуса поклонилося кожне коліно – і піднебесних, і земних, і підземних. Филип'ян 2:9-10

Читання: Євангелія від Луки 2:6-20

Про що говорить простота чи убогість тієї обстановки, в якій народився Ісус, Син Божий та Цар Небесний? Яку втіху ми можемо знайти в цьому для себе?

## Четвер, 10 лютого

Небо! Для Господа небо, а землю Він дав людським дітям. Псалом 115:16

У кожного, кому дано багато, від того будуть і багато вимагати; і кому багато довірено, від того і вимагатимуть більше. Луки 12:48

Читання: Євангелія від Луки 2:6-20

Ісус названий у Біблії Агнцем Божим та Добрим Пастирем. У чому полягає сенс того, що першими, хто дізнався про Його народження, були пастухи? Звідки пастухи отримали звістку про Різдво? Як вони відреагували на неї? А як ми дізнаємося про Ісуса? Який взірець схвальної реакції на звістку про Нього ми можемо взяти у пастухів?

## П'ятниця, 11 лютого

Тож з усіх сил пильнуйте ваші душі, аби любити Господа, вашого Бога. Ісуса Навина 23:11
Ісус сказав: «Якщо хто любить Мене, той буде виконувати Моє слово; і Мій Отець любитиме його, і Ми прийдемо до нього, і зробимо оселю в ньому». Івана 14:23

Читання: Євангелія від Луки 2:6-20
Чому Ісуса називають Спасителем (Лук.2:11,30)? Кого, від чого і як Він спасає? Чи спас Він вас? Як навчитися за прикладом Марії зберігати Слово про Христа у своєму серці (Лук.2:19,51)?

## Субота, 12 лютого

Мої уста сповнені хвалою Тобі, – повсякденно я Тебе прославляю. Псалом 71:8
Адже чим переповнене серце, те промовляють уста. Матвія 12:34

Читання: Євангелія від Луки 2:21-40
Що символізувала зустріч з Ісусом двох немолодих вже праведників – Симеона та Анни? У чому має проявитися наше очікування зустрічі з Ісусом? Яке враження Христос змалку справляв на оточуючих Його людей (Лук.2:18,33,47,48)? Чому? Чи знайоме нам подібне відчуття від зустрічі з Ним?

## Неділя, 13 лютого

**Septuagesimae - 3 неділя перед Страсним часом** (зелений)
Гасло тижня: **«Ми покладаємося не нашу праведність перед Тобою, але на Твоє велике милосердя»** Даниїла 9:18б

Текст до проповіді: **Єремії 9:22-23**
Псалом 31:20-25
Филипян 2:12-13; Матвія 20:1-16

Але хто витримає день Його пришестя, і хто встоїть, коли Він з'явиться? Малахія 3:2
Ось Я стою під дверима і стукаю. Якщо хто почує Мій голос і відчинить двері, то Я ввійду до нього і буду вечеряти з ним, і він зі Мною. Об'явлення 3:20

Читання: *Євангелія від Луки 2:41-52*
Як могло статися, що Йосип і Марія загубили Ісуса в Єрусалимі? Де вони могли Його шукати та де знайшли? Чи може сьогодні віруюча людина "втратити" Ісуса? І де вона може знову знайти Його? Чому євангелісти, зокрема Лука, мало говорять про дитинство Ісуса? Які принципи виховання дітей можна взяти зі згадки про те, як Ісус розвивався в дитинстві (Лук.2:40,52)? Можете про них сказати? Що це означає для нас?

**Понеділок, 14 лютого**

Готове моє серце, Боже! Буду співати і грати зі сердечною хвалою! Прокинься, псалтирю і гусла! Псалом 108:2-3
З радістю дякуймо Отцеві, Який знайшов нас гідними частки у спадщині святих у світлі. Колосян 1:11-12

Читання: Євангелія від Луки 3:1-6
Цей та попередній розділи починаються зі згадки про конкретні історичні події та осіб, які перебували на той час при владі. Для чого Лука поміщає ці відомості у свою книгу? Серед політичної еліти (імператора та тетрархів) названі за іменами також первосвященики – Анна та Кайяфа. У чому полягало покликання первосвящеників і чому їх було двоє, а не один?

**Вівторок, 15 лютого**

Безумний у своєму серці сказав: «Нема Бога!» Псалом 14:1
Знаємо, що Божий Син прийшов і дав нам розуміння, щоб ми пізнали Істинного і перебували в Істинному.
1 Івана 5:20

Читання: Євангелія від Луки 3:1-6
Хто такі пророки? Що нам відомо про пророка Ісайю? Як його пророцтво, згадане Лукою, пов'язане з подіями, що відбувалися в той час?

**Середа, 16 лютого**

Блаженна людина, сила якої в Тобі, бо в її серці всі дороги до Тебе. Псалом 84:6
Пильнуйте, стійте у вірі, будьте мужніми та сильними! 1 Коринтян 16:13

Читання: Євангелія від Луки 3:1-6
Що означає "готувати дорогу для Господа"? Хто і як має це робити? Чи стосується нас сьогодні цей заклик? Чому? У чому полягала місія Іоанна Хрестителя? Кого і до чого він закликав? Що символізувало хрещення, яке він звершував над людьми, що прийшли до нього? Як сприймали його проповідь ті, до кого він звертався?

**Четвер, 17 лютого**

Провадь мене в правді Своїй і навчай мене. Псалом 25:5
Ісус сказав: «Якщо ви будете перебувати в Моєму слові, тоді справді будете Моїми учнями і пізнаєте істину, а істина вас вільними зробить!» Івана 8:31-32

Читання: Євангелія від Луки 3:7-14
Що таке покаяння? Якими мають бути його плоди чи наслідки? Як відрізнити справжнє покаяння від фальшивого (Лук.3: 7-11)? Чому серед людей, що прийшли до Івана, окремо зазначені митники та воїни (Лук.3:12-14)? Чи є у цьому якийсь урок для нас?

## П'ятниця, 18 лютого

Господь сказав Мойсеєві: «Але Мого обличчя ти побачити не зможеш, оскільки людина не може побачити Моє обличчя і залишитися при цьому живою». Вихід 33:20
Божа любов до нас виявилася в тому, що Бог послав Свого Єдинородного Сина у світ, щоб ми через Нього жили. 1 Івана 4:9

Читання: Євангелія від Луки. 3:15-20
Що мав на увазі Іван Хреститель, говорячи, що Христос хреститиме людей "Духом Святим і вогнем" (Лук.3:16-17)?

## Субота, 19 лютого

Тож тепер не будьте тугошиїми, як ваші батьки! Простягніть ваші руки до Господа й прийдіть у Його Святилище. 2 Хронік 30:8
Один з тих, які сиділи при столі, сказав Йому: «Блаженний той, хто їстиме хліб у Божому Царстві!» Луки 14:15

Читання: Євангелія від Луки 3:21-22
Навіщо Ісус проходив обряд хрещення, якщо Він безгрішний і не потребує покаяння?

## Неділя, 20 лютого

**Sexagesimae (2 неділя перед Страсним часом)** (зелений)
Гасло тижня: **«Сьогодні, коли почуєте Його голос, не зробіть закам'янілими ваші серця, як було під час нарікання»**. Євреям 3:15

Текст до проповіді: **Євреям 4:12-13**
Псалом 119:89-92,103-105,116
Ісаї 55:6-12а; Луки 8:4-15

Господь сказав Ісааку: «В твоїх нащадках благословляться всі народи землі». Буття 26:4
Ви ж, брати, є дітьми обітниці – як Ісаак. Галатів 4:28

Читання: Євангелія від Луки 3:23-38
З якою метою Лука згадує тут родовід Ісуса, що походить від Адама? Чим він відрізняється від аналогічної генеалогії, наведеної іншим євангелістом, Матвієм (Матв.1:1-17)?

## Понеділок, 21 лютого

Після Своїх страждань Він побачить хороші плоди, і буде задоволений. Ісаї 53:11
І ви в Ньому маєте повноту. Він – Голова всякого начальства та влади. Колосян 2:10

Читання: Євангелія від Луки 4:1-13
Де і кого з людей вперше спокушав диявол? Які події з історії Ізраїлю можна згадати, міркуючи над числом "сорок" та словом "пустеля"? Як опис випробувань Ісуса в пустелі доповнює ці згадки з минулого та дає надію тим, хто сьогодні бореться зі злом?

## Вівторок, 22 лютого

Послухайте, царі, візьміть до уваги вельможі! Адже я співатиму Господу, я вихвалятиму Господа , Бога Ізраїлю! Суддів 5:3
Нехай ваша лагідність стане відомою всім людям. Господь близько! Филип'ян 4:5

Читання: Євангелія від Луки 4:1-13
Скільки спокус Ісус зазнав? У чому полягала Його стратегія перемоги у кожній з них? Чи є тут є практичний приклад для нас?

## Середа, 23 лютого

О, якби мої шляхи були спрямовані на те, щоб дотримуватися Твоїх настанов! Тоді мені не соромно було би дивитися на всі Твої Заповіді. Псалом 119:5-6
Ісус сказав: «Моя пожива – чинити волю Того, Хто послав Мене, та довершити Його справу». Івана 4:34

Читання: Євангелія від Луки 4:1-13
Чи міг Ісус взагалі згрішити? Якщо ні, у чому сенс спокус? Якщо так, то як це узгоджується з Його Божественною сутністю?

## Четвер, 24 лютого

**День апостола Матвія** (червоний)
Владика Господь усуне ганьбу Свого народу з усієї землі. Ісаї 25:8
Який дотримає клятву, котру Він дав нашому батькові Авраамові, щоб ми визволилися з рук ворогів і без страху служили Йому. Луки 1:73-75

Читання: Євангелія від Луки 4:14-15
Як початок історії - "Дух повів Його в пустелю" - і її фінал - "повернувся в силі Духа" - пов'язані зі спокусами Ісуса (Лук. 4:1,14)?

## П'ятниця, 25 лютого

Господь заступатиметься за Свій народ, і над Своїми слугами Він змилосердиться. Псалом 135:14
Блаженні голодні й спраглі праведності, бо вони наситяться. Матвія 5:6

Читання: Євангелія від Луки 4:16-21
Що Ісая пророкував про Христа? Чи відомі вам інші пророчі звістки про Нього?

## Субота, 26 лютого

Господь – моє світло і моє спасіння. Кого мені боятись? Псалом 27:1
Ісус сказав: «Хто піде за Мною, той не ходитиме в темряві, але матиме Світло життя». Івана 8:12

Читання: Євангелія від Луки 4:22-30
Що так сильно обурило співвітчизників Ісуса у Назареті? Навіщо у Своїй проповіді Ісус згадує язичників - вдову із Сарепти та воєначальника Неємана?

## <u>Неділя, 27 лютого</u>

**Estomihi (неділя перед Страсним часом)** (зелений)
Гасло тижня: **«Ось ідемо в Єрусалим, і збудеться все, написане пророками про Сина Людського».** Лук.18:31

Текст до проповіді: **Марка 8:31-38**

Псалом 31:2-6.8-9.16-17

Амоса 5:21-24; 1Коринтян 13:1-13

Тож надійся на Господа ! Будь мужнім і нехай зміцняється серце твоє! Покладайся на Господа! Псалом 27:14
Павло писав: «І наша надія щодо вас певна, бо знаємо, що ви є нашими співучасниками як у стражданнях, так і в радощах». 2 Коринтян 1:7

<u>Читання: Євангелія від Луки 4:31-37</u>
Як Ісусова влада над демонами доводить Його царственний статус та настання Його Царства? Скільки випадків вигнання бісів можна зустріти в Старому Завіті?

## Понеділок, 28 лютого

Хто поміж богами подібний до Тебе, Господи? О, прославлений у святості, подиву гідний Своєю славою! Ти, Котрий твориш чудеса, хто подібний до Тебе? Вихід 15:11
Ми побачили, і свідчимо, і сповіщаємо вам вічне життя, яке було в Отця і з'явилося нам. 1 Івана 1:2

Читання: Євангелія від Луки 4:38-41
Про що говорить чудесне одужання тещі Петра? Чи зцілює Ісус і сьогодні? Всіх та завжди? Чи мають християни звертатися до лікарів та медичних засобів?

## Вівторок, 1 березня

Нехай звеселяться й відчують радість у Тобі всі, котрі шукають Тебе. Псалом 40:17
І щодня вони однодушно перебували в храмі та, ламаючи по домах хліб, в радості й простоті серця приймали їжу, вихваляючи Бога та маючи милість у всіх людей. Дії 2:46-47

Читання: Євангелія від Луки 4:42-44
Навіщо, як ви гадаєте, Ісус подався до самотнього місця (Лук. 4:42)? У чому усамітнення може стати корисним для духовного лідера та його служіння?

## Середа, 2 березня

**Попільна середа** (фіолетовий або чорний)

Текст до проповіді: **«Узявши дванадцятьох, Він промовив до них: Ось ідемо в Єрусалим, і збудеться все, написане пророками про Сина Людського»** Луки 18:31

Псалом 51:3-6.11-14

Йоіла 2:12-19; 2Петра 1:2-11; Матвія 6:16-21

Якщо ти слухатимешся голосу Господа, свого Бога, благословенний ти будеш у місті й благословенний у полі. Книга Второзаконня 28:2-3

Ісус відповів: «Дійсно блаженні ті, які слухають Боже слово і бережуть його!» Луки 11:28

Читання: Євангелія від Луки 5:1-11

Які люди з цього розділу користуються і переживають особливі емоції від зустрічі з Ісусом? Яким був їхній соціальний статус? Що можна сказати про їхню віру? У чому вона виявилася? У чому взагалі має проявлятися справжня віра?

## Четвер, 3 березня

Бог пошле Свою милість і Свою правду. Псалом 57:4

Проте Він не переставав свідчити про Себе, творячи добро, даючи дощ з неба і вчасно врожай, насичуючи їжею та веселістю ваші серця! Дії 14:17

Читання: Євангелія від Луки 5:1-11

Чому Петро внаслідок великого улову риби відчув страх замість радості і звернувся до Ісуса з проханням відійти від Нього (Лук.5:8)? Що означають слова Ісуса, адресовані Петрові: "Відтепер будеш ловцем людей"? Наскільки це призначення є актуальним для нас?

## **П'ятниця, 4 березня**

Але до Тебе, Господи Владико, звернені очі мої! У Тобі я знайшов притулок, не залишай мене без захисту. Псалом 141:8

Ісус сказав: «Я живу, і ви будете жити». Івана 14:19

Читання: Євангелія від Луки 5:1-11

Чому Петро внаслідок великого улову риби відчув страх замість радості і звернувся до Ісуса з проханням відійти від Нього (Лук.5:8)? Що означають слова Ісуса, адресовані Петрові: "Відтепер будеш ловцем людей"? Наскільки це призначення є актуальним для нас?

## **Субота, 5 березня**

Настанням ранку та вечора Ти викликаєш радість. Псалом 65:9

Ісус ходив містами й селами, проповідуючи і звіщаючи Царство Боже. Луки 8:1

Читання: Євангелія від Луки 5:12-16

Чим незвичайна така хвороба, як "проказа"? Чому її порівнюють з гріхом? Чому Лука зазначає, що Христос торкнувся прокаженого? Яку надію зцілення прокаженого дає сьогодні нам?

## <u>Неділя, 6 березня</u>

**Invocavit – 1 неділя Страсного часу** (фіолетовий)

Гасло тижня: **«Тому з'явився Божий Син, щоби знищити діла диявола»**. 1Івана 3:8б

Текст до проповіді: **2Коринтян 6:1-10**

Псалом 91:1-6.9-12

Буття 3:1-19 (20-24); Євреїв 4:14-16; Матвія 4:1-11

Господь – у Своєму святому Храмі! – Тому нехай мовчить перед Ним уся земля! Авакум 2:20

Мудреці сказали: «Ми прийшли поклонитися Йому». Матвій 2:2

<u>Читання: Євангелія від Луки 5:17-26</u>

Хто такі "фарисеї" та "книжники"? Чому їм не подобалося те, чого навчав і що робив Ісус? Яка критика і від кого звучить сьогодні на адресу Ісуса і Церкви? Чого більше потребувала паралізована людина - зцілення від фізичної недуги чи спасіння душі? Як Ісус проявляє Свої божественні повноваження прощати гріхи?

## Понеділок, 7 березня

Мій Владика Господь гряде у великій могутності. В Його руках влада. Ісаї 40:10
Випростайтеся і підійміть свої голови, бо наближається ваше визволення! Луки 21:28

Читання: Євангелія від Луки 5:27-32
Хто такі "митники"? Чим вони займалися? Чому опоненти Ісуса засудили Його за візит до дому Левія?
Для чого Ісус порівнює Себе з лікарем? Від чого сьогодні Він може і хоче зцілити нас?

## Вівторок, 8 березня

Немає такої скелі, як наш Бог! 1 Самуїла 2:2
Адже ніхто не може покласти іншої основи, крім уже покладеної, а нею є Ісус Христос. 1 Коринтян 3:11

Читання: Євангелія від Луки 5:33-39
Що таке піст? Яка від нього користь? У чому сенс двох притч – про латку і про бурдюки з вином? Який урок ми можемо винести з них?

## Середа, 9 березня

Мати страх Господнім – означає ненавидіти зло. Притчі Соломона 8:13
Ми – Його творіння, ми створені в Христі Ісусі для добрих діл. Ефесян 2:10

Читання: Євангелія від Луки 6:1-11
У чому полягала ідея заповіді про дотримання суботнього дня? З якою метою Бог дав її народові? Чи маємо ми сьогодні виконувати цю заповідь? Чому так чи чому ні? Якщо так, то яким чином?

## Четвер, 10 березня

Я вклав Свої слова в твої уста і тінню Своєї руки вкриваю тебе. Ісаї 51:16
Я знаю твої діла. Ось Я перед тобою відчинив двері, і їх ніхто не може зачинити. Ти маєш малу силу, але Слово Моє зберіг і не відрікся від Мого Імені. Об'явлення 3:8

Читання: Євангелія від Луки 6:12-16
Хто такі апостоли? Чому їх було дванадцять? З якою метою вони були покликані? Що робив Учитель перед тим, як обрати Собі учнів? Як це допомагає нам правильно підходити до прийняття важливих рішень? В якому сенсі Ісус обрав учнів, адже й раніше у Євангелії згадувалося про них?

## П'ятниця, 11 березня

Адже немає людини, яка мала би владу над днем смерті. Екклезіаст 8:8

Хто ж із вас, турбуючись, може додати до свого росту хоч один лікоть? Матвій 6:27

Читання: Євангелія від Луки 6:17-19

З якою метою люди приходили до Ісуса? Для чого сьогодні шукають Його?

## Субота, 12 березня

Господнім словом створені небеса, а подихом Його уст – уся їхня сила. Псалом 33:6

Він не приймає служіння людських рук, – тому що не потребує нічого, оскільки Сам дає всім життя, дихання й усе. Дії 17:25

Читання: Євангелія від Луки 6:20-26

Кого і чому можна назвати блаженним або щасливим (Лук.6:20-23)? Хто в такому разі нещасний (Лук.6:24-26)? Чим відрізняються звичайні уявлення про щасливе життя від того, чого навчав Ісус?

## Неділя, 13 березня

**Reminiscere - 2 неділя Страсного часу** (фіолетовий)
Гасло тижня: **«Але Бог виявляє Свою любов до нас тим, що Христос за нас помер, коли ми були ще грішниками диявола».** Рим.5:8

Текст до проповіді: **Матвія 26:36-46**
Псалом 25:1-9
Ісаї 5:1-7; Римлян 5:1-5(6-11); Івана 3:14-21

Цареві не допоможе його велике військо, і велетень не врятується своєю могутньою силою. Псалом 33:16
Багато перших стануть останніми, а останні – першими. Марка 10:31

Читання: Євангелія від Луки 6:27-36
Чи випадково те, що заклик про любов до ворогів звучить після проголошення про блаженство? Блаженство – це результат праведного життя чи його джерело?

**Понеділок, 14 березня**

Ви вийдете з радістю і вас провадитимуть у мирі. Ісаї 55:12
Добрий пастир кличе своїх овець по імені й виводить їх. Івана 10:3

Читання: Євангелія від Луки 6:27-36

У якому сенсі ми маємо любити своїх ворогів? Чи мають вони нам подобатися? Які дії мають стати виявленням любові до ворогів? Чим любов до ворогів відрізняється від любові до друзів?

**Вівторок, 15 березня**

Так говорить Господь: «Я почув твою молитву й побачив твої сльози! Отже, Я тебе вилікую». 2 Царів 20:5
Стукайте – і відчинять вам. Матвія 7:7

Читання: Євангелія від Луки 6:37-42

У якому сенсі нам наказано не судити ближніх? Хіба оцінювати дії ближнього (у тому числі негативні) – погано? Як мають бути пов'язані критика інших та самокритика?

**Середа, 16 березня**

Служи Йому щирим серцем та відданою душею, адже Господь випробовує всі серця. 1 Хронік 28:9

А Бог миру, нехай удосконалить вас у всякому доброму ділі, аби виконати Його волю, здійснюючи у вас усе, що Йому до вподоби, – через Ісуса Христа, Якому слава навіки-віків! Євреїв 13:20,21

Читання: *Євангелія від Луки 6:43-45*

Про який плід говорить Ісус, порівнюючи людей з поганим і добрим деревом? Як оцінити якість плоду, що приносить моє життя?

**Четвер, 17 березня**

Пам'ятай весь шлях, яким Господь, твій Бог, провадив тебе по пустелі протягом цих сорока років, щоб тебе упокорити, випробувати тебе і виявити, що у твоєму серці. Книга Второзаконня 8:2

Ісус сказав: «Візьміть Моє ярмо на себе і навчіться від Мене, бо Я лагідний і покірний серцем, – і знайдете спокій своїм душам». Матвія 11:29

Читання: *Євангелія від Луки 6:46-49*

У чому полягає головна ідея притчі про двох будівельників? Чим вони відрізняються один від одного? Як ця притча доповнює все те, що було сказано Ісусом у цій проповіді?

**<u>П'ятниця, 18 березня</u>**

Господи, чому Ти стоїш здалека, чому ховаєшся в час недолі? Псалом 10:1

А Він був Сам на кормі – спав на подушці. І будять Його, й кажуть Йому: Учителю, хіба Тобі байдуже, що ми гинемо? Марка 4:38

<u>Читання: Євангелія від Луки 7:1-10</u>

Ким був чоловік, що просив зцілити його слугу? Що незвичайного було в цьому проханні та у відповіді Ісуса на нього? Як оцінювали римського офіцера старійшини? Як він сам оцінював себе? Який у цьому є урок для нас? Що саме здивувало Ісуса у вірі сотника? Чим його віра відрізнялася від тих зразків віри, що демонстрували ізраїльтяни?

**<u>Субота, 19 березня</u>**

Ти, Господи, мій Боже, живим підіймеш мене з прірви. Йона 2:7

А тверда Божа основа стоїть, маючи таку печать: «Господь знає Своїх». 2 Тимофія 2:19

<u>Читання: Євангелія від Луки 7:11-17</u>

Кілька разів у Євангелії повідомляється про те, що Ісус оживляв померлих. Чим це оживлення схоже і чим відрізняється від воскресіння мертвих, якого ми очікуємо в майбутньому?

## Неділя 20 березня

**Oculi - 3 неділя Страсного часу** (фіолетовий)

Гасло тижня: **«Жодний з тих, хто поклав руку на плуг і озирається назад, не годиться для божого Царства».** Луки 9:62

Текст до проповіді: **1Царів 19:1-8(9-13а)**
Псалом 34:16-23
Ефесян 5:1-2(3-7)8-9; Луки 9:57-62

Збери мої сльози у Свою посудину! Хіба вони не записані в Твоїй книзі? Псалом 56:9
Блаженні ті, хто плаче, бо вони будуть потішені. Матвія 5:4

Читання: Євангелія від Луки 7:18-23
Чим було спричинене запитання Івана Хрестителя до Ісуса? Хіба він не хрестив Ісуса і не проголосив Його Царем та Спасителем? Що означає "блаженний, хто не спокуситься через Мене" (Лук.7:23)?

**Понеділок, 21 березня**

Покажи мені дорогу, якою маю йти, бо до Тебе я підношу свою душу! Псалом 143:8
Адже благочестя із задоволенням – велике надбання. Бо ми нічого не принесли у світ і нічого не можемо винести. 1 Тимофія 6:6-7

Читання: Євангелія від Луки 7:24-29
Як зрозуміти слова Ісуса про велич і незначність статуса Івана Хрестителя (Лук.7:28)?

**Вівторок, 22 березня**

Цей день особливим зробив Господь, – радіймо та веселімося в ньому! Псалом 118:24
Ісус звернувся до нього: «Закхею, негайно злізай, бо сьогодні потрібно Мені бути в твоєму домі!» І він швидко зліз, і прийняв Його, радіючи. Луки 19:5-6

Читання: Євангелія від Луки 7:30-35
За що Ісус критикує фарисеїв та законників? Хто і як сьогодні намагається зганьбити церкву, Її Главу і служителів?

**Середа, 23 березня**

О Господи, Скеле моя, моя Твердиня і мій Спаситель! 2 Самуїла 22:2
Це Я сказав вам, щоб у Мені ви мали мир. У світі зазнаєте страждання, але будьте відважні: Я переміг світ! Івана 16:33

Читання: Євангелія від Луки 7:36-50
Чи можна сказати, що жінка, що омила ноги Ісуса, заслужила цим вчинком власне спасіння? Чому?

**Четвер, 24 березня**

Я згадую дні прадавні, роздумую про всі Твої діяння, – розмірковую над ділами Твоїх рук. Псалом 143:5
Марія сказала: «Пригорнув Ізраїля, слугу Свого, щоби згадати милість, як і проголосив нашим батькам – Авраамові та роду його аж до віку!» Луки 1:54-55

Читання: Євангелія від Луки 7:36-50
Як пов'язані Боже прощення грішника та любов прощеного до Бога (Лук 7:47)? Чи можна вважати, що любити Бога глибоко здатні лише запеклі злодії, але не звичайні "порядні" грішники?

## П'ятниця, 25 березня

**Свято Благовіщення народження Ісуса** *(білий)*
Господь сказав: «Покличе він до Мене – і Я дам йому відповідь». Псалом 91:15
Один Бог для всіх – щедрий для всіх, хто кличе Його. Римлян 10:12

Читання: Євангелія від Луки 8:1-3
Яке місце в Євангелії від Луки займають жінки? Де ще згадуються в ньому жіночі образи/персонажі? Наскільки це важливо?

## Субота, 26 березня

Господь пошле Свого ангела перед тобою. Буття 24:7
Ангел же сказав йому: «Підпережися і надінь своє взуття!» Тож він зробив це. І каже йому: Одягнися у свій одяг і йди за мною! Вийшовши, він попрямував за ним, не знаючи, чи те, що відбувається через ангела, є дійсністю, бо думав, що бачить видіння. Дії 12:8-9

Читання: Євангелія від Луки 8:4-15
У чому сенс притчі про сіяча? Опишіть особливості кожного ґрунту. Як ви оцінюєте стан власної душі - на який ґрунт він найбільше схожий?

## Неділя, 27 березня

**Laetare - 4 неділя Страсного часу** (фіолетовий)
Гасло тижня: **«Якщо зерно пшениці, впавши на землю, не вмре, воно залишиться одне. Якщо ж умре, - принесе великий урожай»**. Ів.12:24

Текст до проповіді: **2 Коринтян 1:3-7**
Псалом 84:2-13
Ісаї 54:7-10; Івана 12:20-24

Хто пригноблює убогого, той зневажає його Творця. Притчі Соломона 14:31
Ісус сказав: «Запевняю вас: те, що зробили одному з Моїх найменших братів, ви зробили Мені». Матвія 25:40

Читання: Євангелія від Луки 8:4-15
Чи можна без пояснення Ісусом притчі зрозуміти її зміст? Якщо ні, то навіщо Він вибрав такий спосіб навчання для слухачів? Яку роль відіграють наші питання (до Бога, до наставників) у досягненні розуміння духовних істин (Лук.8:9-10)?

## Понеділок, 28 березня

Спочатку перед Господом пронесеться потужний вітер, – настільки сильний, що руйнуватиме гори й трощитиме скелі, але не у вітрі Господь. А після вітру буде землетрус, проте й не в землетрусі Господь... Після землетрусу з'явився вогонь, але й у вогні не було Господа. А після вогню подув легенький лагідний вітерець... 1 Царів 19:11-12

Ісус сказав Никодиму: «Не дивуйся з того, що Я сказав тобі: Вам потрібно народитися згори. Вітер віє, де хоче, і ти чуєш його шум, але не знаєш, звідки приходить і куди прямує. Так буває з кожним, хто народжений від Духа». Івана 3:7-8

Читання: Євангелія від Луки 8:16-18

Що символізує світильник у цій притчі? Як ця історія пов'язана з попереднім та наступним уривками?

## Вівторок, 29 березня

Хіба я не повинен говорити лише те, що Господь вкладе в мої вуста? Числа 23:12

Ми не можемо не розповідати про те, що бачили і чули! Дії 4:20

Читання: Євангелія від Луки 8:19-21

Чи любив Ісус Своїх земних родичів? Чому Він наголосив, що родинні стосунки з Ним визначаються розумінням і виконанням Божого Слова?

**<u>Середа, 30 березня</u>**

Наш Бог обернув прокляття в благословення! Неемія 13:2
Бог у Христі примирив світ із Собою, не зараховуючи їм їхні переступи, і доручив нам слово примирення. 2 Кор. 5:19

<u>Читання: Євангелія від Луки 8:22-25</u>
Як упокорення бурі на морі доводить надприродну владу Ісуса над природними стихіями? Наскільки це важливо для нас?

**<u>Четвер, 31 березня</u>**

Ви стали, наче головешка, вихоплена з вогню, але ви й тоді не навернулися до Мене, – каже Господь. Амос 4:11
Якщо ми невірні, то Він залишиться вірним, бо Себе зректися не може. 2 Тимофія 2:13

<u>Читання: Євангелія від Луки 8:26-39</u>
Хто такі демони? Як історія з біснуватою людиною доводить владу Ісуса також і над ними? Чи завжди неадекватна поведінка людини спричинена впливом демонів?

## П'ятниця, 1 квітня

Господи, відкрий мої уста, – мій язик звіщатиме Тобі хвалу. Псалом 51:17
Те, що ми побачили й почули, сповіщаємо й вам. 1 Івана 1:3

Читання: Євангелія від Луки 8:40-56
Як історія зцілення жінки доводить владу Ісуса над хворобами? Чи завжди віруючі отримують чудове зцілення? Як ми повинні ставитися до лікарів та медицини? Як історія з воскресінням дочки Яіра доводить владу Ісуса над смертю? Чи це означає, що нам слід молитися про оживлення своїх померлих родичів?

## Субота, 2 квітня

Тому Бог повів народ в обхід, дорогою через пустелю, в напрямку Червоного моря. Вихід 13:18
Знаємо, що тим, які люблять Бога, котрі покликані за Його передбаченням, все сприяє до добра. Римлян 8:28

Читання: Євангелія від Луки 9:1-6
Яке завдання Христос доручив апостолам? Чим Він забезпечив їх для його виконання? Чому Він наказав їм нічого не брати з собою? Куди і з чим Христос спрямовує нас сьогодні?

## Неділя, 3 квітня

**Judica – 5 неділя Страсного часу** (фіолетовий)
Гасло тижня: **«Так само і Син Людський - прийшов Він не для того, щоби служили Йому, а щоби послужити й віддати Свою душу як викуп за багатьох!».** Матвія 20:28

Текст до проповіді: **Марка 10:35-45**
Псалом 43:1-5
Буття 22:1-14(15-19); Євреїв 5:(1-6)7-9(10)

І кликнув з неба Божий ангел до Агари, і сказав їй: «Що з тобою, Агаро? Не бійся, Бог почув голос хлопчини з місця, де він знаходиться. Тож встань, візьми хлопця і доглядай за ним. Адже Я виведу від нього великий народ». Буття 21:17-18
Тому випростайте опущені руки і знеможені коліна, і стежки для ваших ніг зробіть прямими. Євреїв 12:12-13

Читання: Євангелія від Луки 9:7-9
Що так стурбувало царя Ірода? Для чого він прагнув зрозуміти, Ким є Ісус? Чому звістка про Христа приносить тривогу деяким людям?

## Понеділок, 4 квітня

На зелених лугах Він дозволяє мені відпочивати, біля тихих вод піклується про мене. Мою душу Він підкріпляє. Псалом 23:2-3

Ісус сказав: «Мої вівці слухаються Мого голосу, і Я знаю їх, і вони йдуть за Мною, і Я даю їм вічне життя, і вони не загинуть повік, і ніхто не забере їх з Моїх рук». Івана 10:27-28

Читання: Євангелія від Луки 9:10-17

Як розповідь про насичення п'яти тисяч проливає світло на таємницю особистості Ісуса і допомагає зрозуміти, Хто Він такий? Чим цар Ісус відрізняється від царя Ірода?

## Вівторок, 5 квітня

Вони поперемінно прославляли і дякували Господу, повторюючи, що Він добрий, і Його милосердя над Ізраїлем триває вічно. Ездри 3:11

І, заспівавши, вони вийшли на Оливну гору. Марка 14:26

Читання: Євангелія від Луки 9:18-21

Чи було людям, включаючи учнів, легко визначити, Ким є Ісус (Лук.9:7-9,18-21)? Чому? Як сьогодні люди відповідають на це запитання? Ким Ісус є для вас сьогодні?

## Середа, 6 квітня

Хто збагнув Господнього Духа, і яка людина давала Йому свої поради? Ісаї 40:13
О, глибино багатства, премудрості й знання Божого! Які незбагненні Його суди і недослідимі Його дороги! Римлян 11:33

Читання: Євангелія від Луки 9:22-27
У чому сенс страждань, які готується пройти Спаситель (Лук.9:22,44)? Як вони пов'язані з тим, що чекає в майбутньому Його учнів (Лук.9:23-26)? Як ми маємо сьогодні нести свій хрест?

## Четвер, 7 квітня

Бог твого батька допомагає тобі. Всемогутній благословить тебе. Буття 49:25
З цього довідаємося, що ми від правди, і заспокоїмо перед Ним наше серце, бо коли звинувачує наше серце, то Бог більший від нашого серця і знає все. 1 Івана 3:19-20

Читання: Євангелія від Луки 9:28-36
Хто і чому з'явився Ісусу на горі під час Його преображення? Що говорить про Нього Його Небесний Отець?

## П'ятниця, 8 квітня

Давид сказав Натанові: «Я, дійсно, згрішив перед Господом!» Натан же відповів Давиду: «Господь простив твій гріх, – і ти не помреш». 2 Самуїла 12:13
І вас, які були мертві в переступах і в «необрізанні» вашого тіла, Він оживив вас разом із Собою, простивши нам усі переступи. Колосян 2:13

Читання: Євангелія від Луки 9:37-45
Як випадок із вигнанням демона з хлопчика підтверджує статус Ісуса як Месії?

## Субота, 9 квітня

Господь царює! Нехай веселиться земля і радіють численні острови! Псалом 97:1
Адже Царство Боже – не їжа й не пиття, а праведність, мир і радість у Святому Дусі. Римлян 14:17

Читання: Євангелія від Луки 9:46-56
Чому серед учнів виникла суперечка про їхню велич (Лук.9:46-48)? Чому вони так суворо ставляться до тих, хто не входить до їхньої спільноти (Лук.9:49-56)? Як нерозуміння цілей Ісуса впливає на наше ставлення до людей?

**Неділя, 10 квітня**

**Пальмова неділя – 6 неділя Страсного часу** (фіолетовий)
Гасло тижня: «**Має бути піднятий Син Людський, щоб кожний, хто вірить у Нього, мав вічне життя».** Івана 3:14.15

Текст до проповіді: **Івана 17:1-8**
Псалом 69:2-4.8-10.14.21б-22.30
Ісаї 50:4-9; Филип'ян 2:5-11; Івана 12:12-19

Я очікуватиму Господа! Хоч Він і ховає Своє обличчя від дому Якова, я покладатимусь на Нього. Ісаї 8:17
Очікуючи блаженної надії і появи слави великого Бога і Спасителя нашого Ісуса Христа, Який віддав Себе за нас, щоб викупити нас від усякого беззаконня. Тит 2:13-14

Читання: Євангелія від Луки 9:57-62
Яким чином розмова Ісуса про слідування за Ним із трьома людьми розкриває виклики, пов'язані з вірою та служінням? Чому Христос, будучи Сином Божим, наполегливо називає Себе Сином Людським (Лук.9:22,44,55,58)?

## Понеділок, 11 квітня

Тож усі, котрі надієтесь на Господа, будьте мужніми, і нехай буде сміливим ваше серце! Псалом 31:24
Через Ісуса Христа ми вірою одержали доступ до тієї благодаті, в якій перебуваємо і хвалимося надією на Божу славу. Римлян 5:2

Читання: Євангелія від Луки 10:1-12
Як пов'язані між собою місія дванадцяти апостолів та сімдесяти двох учнів (Лук.9:1-6, 10:1-11)? Що означає бути посланими як ягнята між вовками (Лук.10:3)?

## Вівторок, 12 квітня

Проголосіть про це по всіх краях землі! Говоріть: Господь викупив Свого слугу Якова! Ісаї 48:20
Він визволив нас від влади темряви та переніс до Царства Свого улюбленого Сина. Колосян 1:13

Читання: Євангелія від Луки 10:13-16
Навіщо Ісус порівнює духовний стан і долі міст - язичницьких та ізраїльських? Чи може покаятися населення цілого міста? Чи потрібно сьогодні чекати на таке покаяння від людей у вашому місті?

## Середа, 13 квітня

Його велич сягатиме всіх країв землі. Михей 5:3
Знову й знову запевняю вас: якщо зерно пшениці, впавши на землю, не вмре, воно залишиться одне. Якщо ж умре, – принесе великий урожай. Івана 12:24

Читання: Євангелія від Луки 10:17-20
Що звеселило учнів і що мало бути головною причиною їхньої радості?

## Четвер, 14 квітня

**Великий Четвер** (білий)

Гасло дня: **«Пам'ятними учинив Він Свої чудеса, - милосердний і співчутливий Господь».** Псалом 111:4

Текст до проповіді: **1Коринтян 10:16-17**

Псалом 111:1-10

Вихід 12:1-14; 1Коринтян 11:17-29.33--34a; Івана 13:1-15.34-35

Переді Мною схилиться кожне коліно, і присягнеться кожний язик. Про Мене говоритимуть: «Тільки в Господа справедливість і сила!» Ісаї 45:23-24

Ісус сказав: «Я – хліб живий, який зійшов з неба; якщо хто буде їсти цей хліб, житиме вічно». Івана 6:51

Читання: Євангелія від Луки 10:21-24

Чому Ісус радів, що спасительна істина Євангелії відкрита не всім?

## <u>П’ятниця, 15 квітня</u>

**Страсна П'ятниця** (чорний)

Гасло дня: **«Бо так Бог полюбив світ, що дав Свого Єдинородного Сина, щоб кожний, хто вірить у Нього, не загинув, але мав життя вічне».** Івана 3:16

Текст до проповіді: **Лука 23:32-49**

Псалом 22:2-9.12.16.19-20

Ісаї 52:13-15.53:1-12; 2Коринтян 5:(14б-18)19-21; Івана 19:16-30

Нахили моє серце до Твоїх свідчень, а не до користолюбства. Псалом 119:36

Він упокорив Себе, був слухняним аж до смерті, й до смерті хресної. Филип'ян 2:8

<u>Читання: Євангелія від Луки 10:25-28</u>

Хто і які провокаційні питання ставив Ісусу під час Його служіння? Які питання ставлять сьогодні християнам їхні опоненти? Як ви розумієте заповідь про любов до Бога і ближнього (Лук.10:27), згадану Ісусом у розмові з учителем Закону?

## Субота, 16 квітня

**Страсна субота** (чорний)
Оживи нас, і ми прикликатимемо Твоє Ім'я! Псалом 80:19
Ісус Христос знищив смерть, а життя і нетління освітив Євангелією. 2 Тимофія 1:10

Читання: Євангелія від Луки 10:29-37
Чому в притчі священик і левит – негативні персонажі, а самарянин – позитивний герой? На кого з них ви більше буваєте схожими?

<u>**Неділя, 17 квітня**</u>

**Великдень – Воскресіння Христове** (білий)
Гасло тижня: **«І був Я мертвий, і ось Я живий навіки-віків. Я маю ключі від смерті й від аду»**. Об'явлення 1:18

Текст до проповіді: **Марка 16:1-8;**
Псалом 118:14-24
1Самуїла 2:1-8а; 1 Коринтян 15:1-11;

<u>Читання: Євангелія від Луки 10:38-42</u>
У чому полягала надмірна турбота і метушливість Марти? Хіба це погано – виявити гостинність та розраховувати при цьому на допомогу близьких людей?
У якому сенсі Марфа "обрала найкращу частку"? Як відрізнити такий правильний вибір від лінощів і небажання допомагати, коли це потрібно?

## Понеділок, 18 квітня

Нехай Твої очі будуть відкриті над цим Храмом уночі й удень, – над тим місцем, про яке Ти сказав: «Там буде Моє Ім'я!» 1 Царів 8:29
Того ж першого дня тижня, пізньої пори, коли двері, де зібралися [Його] учні, були замкнені зі страху перед юдеями, прийшов Ісус, став посередині й каже їм: «Мир вам!» Івана 20:19

Читання: Євангелія від Луки 11:1-4
Чому учні просили Ісуса навчити їх молитися (Лук.11:1)? Хіба вони цього не вміли? І в чому виявляється вміння молитися? 2. Які основні прохання містить молитва "Отче наш" (Лук.11:2-4)?

## Вівторок, 19 квітня

Я простягаю до Тебе свої руки, бо моя душа прагне Тебе, як пересохла земля. Псалом 143:6
І спраглий нехай прийде, і хто бажає, нехай візьме воду життя даром. Об'явлення 22:17

Читання: Євангелія від Луки 11:5-13
Де проходить межа між смиренною наполегливістю та нахабною вимогливістю в молитві?

## Середа, 20 квітня

Той, Хто розпорошив Ізраїль, знову збере його й стерегтиме його так, як пастир своє стадо. Єремії 31:10
Ісус молився: «Та благаю не лише за них, а й за тих, хто повірить у Мене через їхнє слово, щоб усі були одне, – так, як Ти, Отче, в Мені, а Я в Тобі, – щоб і вони в Нас були; аби світ повірив, що Ти Мене послав». Івана 17:20-21

Читання: Євангелія від Луки 11:14-23
Як Ісус відповідає на наклеп щодо Себе та допомагає зрозуміти суть Своєї місії?

## Четвер, 21 квітня

Ненавидьте зло й полюбіть добро. Нехай буде відновлене в брамах справедливе судочинство, – може, Господь, Бог Саваот, змилується над залишком Йосифа. Амос 5:15
Поводьтеся, як діти світла. Адже плід світла – в усякій доброті, праведності й правді. Ефесян 5:8-9

Читання: Євангелія від Луки 11:24-26
Що практично означає притча про людину та демонів? Чи може спасенна Христом людина "втратити" спасіння?

## П'ятниця, 22 квітня

Отож, коли надійде час, вставай і берись за діло, а Господь буде з тобою! 1 Хронік 22:16
Апостоли з великою силою свідчили про воскресіння Господа Ісуса, і велика благодать була на них усіх. Дії 4:33

Читання: Євангелія від Луки 11:27-28
Як пов'язані між собою щастя та правильне ставлення до Божого Слова?

## Субота, 23 квітня

Ти будеш, як зрошений водою сад, і як джерело, в якому не висихає вода. Ісаї 58:11
Хто питиме воду, яку Я йому дам, не матиме спраги повік, бо вода, яку Я йому дам, стане в ньому джерелом води, що тече в життя вічне. Івана 4:14

Читання: Євангелія від Луки 11:29-32
Що вам відомо про пророка Йону та про царя Соломона? Чому Ісус порівнює Себе з ними?

**Неділя, 24 квітня**

**Quasimodogeniti – 1 неділя після Великодня** (білий)
Гасло тижня: **«Благословенний Бог і Отець Господа нашого Ісуса Христа, Якій зі Свого великого милосердя через воскресіння з мертвих Ісуса Христа відродив нас до живої надії».** 1Петра 1:3

Текст до проповіді: **Колосян 2:12-15**
Псалом 116:1-9.13
Ісаї 40:26-31; 1Петра 1:3-9; Івана 20:19-29

Радітиму в Господі, веселитимусь у Бозі мого спасіння! Авакум 3:18
Радійте, що імена ваші записані на небесах! Луки 10:20

Читання: Євангелія від Луки 11:33-36
У якому сенсі око є "світильником для тіла"? Як ми маємо дбати про чистоту свого духовного зору?

## <u>Понеділок, 25 квітня</u>

**День Євангеліста Марка (червоний - білий)**

Нехай веселяться небеса, і радіє земля! Нехай скажуть між народами: Господь царює! 1 Хронік 16:31

Ісус промовив до них: «Дана Мені вся влада на небі й на землі. Тож ідіть і навчіть усі народи, хрестячи їх в Ім'я Отця, і Сина, і Святого Духа, навчаючи їх зберігати все, що Я заповів вам». Матвія 28:18-20

<u>Читання: Євангелія від Луки 11:37-54</u>

За що Христос критикує фарисеїв? Як нам не стати фарисеями?

## <u>Вівторок, 26 квітня</u>

Хіба є людина, яка жила б і не зустрілася зі смертю, – яка врятувала б себе від влади шеолу? Псалом 89:49

Адже заплата за гріх – смерть, а Божий дар благодаті – вічне життя в Ісусі Христі, нашому Господі. Римлян 6:23

<u>Читання: Євангелія від Луки 12:1-3</u>

Що таке лицемірство? Чому воно названо "закваскою фарисейською"?

## Середа, 27 квітня

Натомість горніться всім серцем до Господа, вашого Бога, як ви чинили до цього часу. Ісус Навин 23:8

Не тому, що ми спроможні самі собою над чимось роздумувати, наче самі від себе, але наша спроможність – від Бога. 2 Коринтянам 3:5

Читання: Євангелія від Луки 12:4-7

Страх – це добре чи погано? Кого чи чого ми схильні боятися? Кого насправді треба боятися і чому?

## Четвер, 28 квітня

Він судитиме народи і буде розсуджувати численні племена. Вони перекують свої мечі на плуги, а списи свої – на серпи. Ісаї 2:4

Він послав синам Ізраїля слово, звіщаючи мир через Ісуса Христа. Він – Господь для всіх. Дії 10:36

Читання: Євангелія від Луки 12:8-12

Що означає "сповідати Христа перед людьми"? Що означає зневажити Духа Святого (Лук.12:10-12)? Як наша мова може прославляти чи ганьбити Бога?

## **П'ятниця, 29 квітня**

Нехай ніхто не замишляє у своєму серці зла на свого ближнього; не захоплюйтесь фальшивою присягою, адже все це Я ненавиджу, - говорить Господь. Захарії 8:17
Будьте ж добрими один до одного, милосердними, прощаючи одне одному, як і Бог через Христа вам простив! Ефесян 4:32

Читання: Євангелія від Луки 12:13-21
Що може бути недоброго в прагненні стати багатим, отримати спадщину, створити прибутковий бізнес?

## **Субота, 30 квітня**

Господь сказав Мойсееві: «Ти знайшов милість в очах Моїх. Я знаю тебе на ім’я». Вихід 33:17
Ісус сказав: «Я – Пастир добрий. І Я знаю Своїх, і Мої знають Мене». Івана 10:14

Читання: Євангелія від Луки 12:22-34
Як навчитися не турбуватися про нагальні потреби? Як відрізнити гріховне занепокоєння від відповідальності за те, щоб працювати і забезпечувати себе, свою сім'ю?

## Неділя, 1 травня

**Misericordias Domini – 2 неділя після Великодня** (білий)
Гасло тижня: **«Я - Пастир Добрий! Мої вівці слухаються Мого голосу, і Я знаю їх, і вони йдуть за Мною, і Я даю їм вічне життя».** Івана 10:11а,27-28а

Текст до проповіді: **Івана 21:15-19**
Псалом 23:1-6
Єзекіїля 34:1-16.31; 1Петра 2:21б-25; Івана 10:11-16(27-30)

Як небо високо над землею, так Мої дороги далекі від ваших доріг, а Мої думки вищі від ваших думок. Ісаї 55:9
Адже ми знаємо частково й пророкуємо частково. Коли ж настане досконале, [тоді] припиниться часткове. 1 Коринтян 13:9-10

Читання: Євангелія від Луки 12:35-48
Що означає бути готовим до повернення Христа? В якому сенсі "кому багато дано, багато від нього і жадатимуть" (Лук.12:48)?

## Понеділок, 2 травня

Господи, Ти звершив дивовижні речі, прадавні задуми, – певні й правдиві! Ісаї 25:1
Бог наперед призначив нас для того, щоб усиновити Собі через Ісуса Христа, згідно з уподобанням Своєї волі. Ефесян 1:5

Читання: Євангелія від Луки 12:49-53
Христос каже, що Він чекає Свого хрещення (Лук.12:50). Про яке хрещення йдеться? Як це пов'язано із нашим досвідом? До чого тут поділ між членами сім'ї?

## Вівторок, 3 травня

**День Апостолів Филипа і Якова молодшого** *(червоний)*
Заспівайте Господу нову пісню! Прославте Його в усіх краях землі! Ісаї 42:10
Перебувайте у вірі, тверді й непохитні, утверджені в надії Радісної Звістки, яку ви почули і яка була проповідувана між усім творінням, котре є під небом. Колосян 1:23

Читання: Євангелія від Луки 12:54-56
За якими ознаками ми можемо визначити наближення фіналу нинішнього віку та настання Царства Божого?

**Середа, 4 травня**

Діти є Господньою спадщиною. Псалом 127:3
І, взявши дитину, Він поставив її посеред них, обійняв і сказав їм: «Якщо хто ось таку одну дитину прийме в Моє Ім'я, той Мене приймає, а хто Мене приймає, той не Мене приймає, але Того, Хто Мене послав». Марка 9:36-37

Читання: Євангелія від Луки 12:57-59
Що заважає нам миритися з людьми, які перебувають у конфлікті з нами ? Як навчитися прощати та миритися?

**Четвер, 5 травня**

Я, Господь, покликав Тебе у праведності, – триматиму Тебе за руку і охоронятиму Тебе. Ісаї 42:6
У Ісусі Христі, нашому Господі, ми маємо відвагу й доступ у надії через віру в Нього. Ефесян 3:11-12

Читання: Євангелія від Луки 13:1-5
Що таке покаяння? Як відрізнити справжнє покаяння від удаваного? Від якої смерті Бог бажає спасти нас?

## П'ятниця, 6 травня

Бог приведе на суд кожну справу, і навіть утаємничену, – добра вона, чи злочинна. Екклезіаст 12:14
Отже, кожний з нас сам за себе дасть відповідь Богові. Так що вже не осуджуймо один одного. Римлян 14:12-13

Читання: Євангелія від Луки 13:6-9
Який плід Бог очікує від нас, у нашому житті? Чи можемо ми стати "плодоносними", покладаючись лише на себе та свої сили? Чому?

## Субота, 7 травня

О Господи, спаси нас! О Господи, пошли нам успіх! Псалом 118:25
Бог миру, Який кров'ю вічного Завіту підняв з мертвих Великого Пастиря овець – Господа нашого Ісуса, нехай удосконалить вас у всякому доброму ділі, аби виконати Його волю. Євреїв 13:20, 21

Читання: Євангелія від Луки 13:10-17
Як дії Ісуса у випадку з хворою жінкою в синагозі показують суть заповіді про суботу та місію Самого Ісуса?

**Неділя, 8 травня**

**Jubilate – 3 неділя після Великодня** (білий)
Гасло тижня: **«Отже, хто в Христі, той нове творіння; давнє минуло, - ось постало нове!»**. 2 Кор.5:17

Текст до проповіді: **Буття 1:1-2:4а**
Псалом 66:1-9
Дії 17:22-34; Івана 15:1-8

Я попроваджу сліпих дорогою, якої вони не знали, – невідомими стежками вестиму їх. Ісаї 42:16
Бог вас покликав із темряви до дивного Його світла. 1 Петра 2:9

Читання: Євангелія від Луки 13:18-21
В якому сенсі Царство Боже подібне до гірчичного зерна і закваски?

## Понеділок, 9 травня

Справедливий Господь, Він любить правду. Псалом 11:7
Треба, аби ваш розум оновлювався духом, щоб ви зодягнулися в нову людину, створену за подобою Божою, у праведності та святості істини. Ефесян 4:23-24

Читання: Євангелія від Луки 13:22-30
Що таке "тісні ворота" в Царство Боже і як через них увійти туди? Що означає "є останні, що стануть за перших, і є перші, що стануть останніми" (Лук.13: 30)?

## Вівторок, 10 травня

І вже не звертатимуться один до одного й брат до брата, кажучи: «Пізнай Господа!» Оскільки кожен з них знатиме Мене, – від найменшого, і до найстаршого з них, – говорить Господь. Єремії 31:34
Запитали в Нього: «Що нам робити, аби чинити Божі діла?» У відповідь Ісус їм сказав: «Боже діло є те, щоб ви повірили в Того, Кого Він послав». Івана 6:28-29

Читання: Євангелія від Луки 13:31-35
Хто такі пророки і в чому полягала пророча звістка Ісуса (Лук.13:31-33)? Як поєднуються любов і сила Бога з відповідальністю людини у питанні спасіння (Лук.13:34-35)?

## Середа, 11 травня

Самуїл і далі зростав, а Господь був з ним, і жодне зі сказаних Ним (Господом) слів не залишилось невиконаним. 1 Самуїла 3:19
Ісус сказав: «Хто слухає вас, – той Мене слухає». Луки 10:16

Читання: Євангелія від Луки 14:1-6
Як зцілення людини в домі фарисея доповнює розуміння заповіді про день спокою (суботи), отримане з попереднього розділу?

## Четвер, 12 травня

Життям і милосердям Ти мене наділив, турботливо оберігаєш мій дух. Йов 10:12
Ви чули про терпіння Йова і знаєте Господній кінець, що Господь дуже милосердний та щедрий. Якова 5:11

Читання: Євангелія від Луки 14:7-11
Чому скромність чи смирення – цінна якість? У якому сенсі нам потрібно "впокоряти себе"?

**<u>П’ятниця, 13 травня</u>**

Господи, Боже мій, я волав до Тебе, і Ти зцілив мене. Псалом 30:3
Ісус сказав йому: «Іди до свого дому, до своїх, і сповісти їм, що для тебе Господь зробив, як змилосердився над тобою!» Марка 5:19

<u>Читання: Євангелія від Луки 14: 12-14</u>
З якою метою Ісус розповідає притчу про бенкет з незвичайними гостями? Що поганого в тому, щоб пообідати чи повечеряти з рідними чи друзями?

**<u>Субота, 14 травня</u>**

Господньої милості ми все ж не загинули, тому що Його милосердя не вичерпується. Щоранку оновлюється Твоя велика вірність, Господи! Плач Єр. 3:22-23
Тому ми не втрачаємо відваги. Хоч наша зовнішня людина зітліває, проте наша внутрішня людина оновлюється день у день. 2 Коринтян 4:16

<u>Читання: Євангелія від Луки 14: 15-24</u>
Як ідея урочистого бенкету допомагає зрозуміти природу стосунків Бога з людиною? Що означає "багато покликаних, та вибраних мало" (Лук.14:24)? Які пояснення сьогодні використовують люди, щоб виправдати свій скепсис та байдужість до Бога й церкви?

## Неділя, 15 травня

**Cantate – 4 неділя після Великодня** (білий)

Гасло тижня: «**Заспівайте Господеві нову пісню, бо Він учинив чудеса».** Псалом 98:1

Текст до проповіді: **Колосян 3:12-17**

Псалом 98:1-9

1 Самуїла 16,14-23; Лука 19:37-40

Кожний, хто лише прикликатиме Господнє Ім'я, спасеться. Йоїла 3:5

Петро сказав про Ісуса: «І в нікому іншому немає спасіння, бо під небом немає іншого імені, даного людям, яким належить нам спастися!» Дії 4:12

Читання: Євангелія від Луки 14: 25-35

Як зрозуміти заклик Ісуса зненавидіти рідних і саме життя (Лук.14:26)? Хіба християнство не вчить любові замість ненависті? Що означає "нести свій хрест" (Лк.14:27)? Чи всі страждання є "хрестом"?

**Понеділок, 16 травня**

Почувши про нещастя, яке спіткало Йова, троє його друзів, не промовивши до нього жодного слова, вони сім днів і сім ночей просто сиділи поряд з ним на землі, оскільки бачили, яким непомірно великим був його біль. Йов 2:11,13

Носіть тягарі один одного і таким чином виконаєте Закон Христа. Галатів 6:2

Читання: Євангелія від Луки 14: 25-35

У якому сенсі духовне життя схоже будівництво і війну (Лук.14:28-33)? Яку ціну нам доведеться заплатити за те, щоб бути учнями Христа? Чи немає суперечності між вченням про хрест і доктриною спасіння благодаттю?

**Вівторок, 17 травня**

Господь Саваот чудовий Порадник, неосяжний у мудрості! Ісаї 28:29

Прийшовши, Христос благовістив мир вам – далеким, і мир вам – близьким. Ефесян 2:17

Читання: Євангелія від Луки 15

Скільки притч Ісуса містить цей розділ? Яка спільна ідея їх поєднує? Кому вони були адресовані? Чи є почуття у Бога? Що говорять усі ці історії про причини Його смутку та радості? Кого символізують "загублені" вівці, монети, старший син? Що можна сказати про ставлення Бога до цих персонажів?

**Середа, 18 травня**

Стовпи землі - Господні, і на них Він поставив світ. 1 Самуїла 2:8

Спочатку було Слово, і Слово було у Бога, і Слово було Бог. Івана 1:1

Читання: Євангелія від Луки 15:1-10

Яку істину ілюструє той факт, що пастух шукає зниклу вівцю і жінка - загублену монету при тому, що втрата становить дрібну частину від цілого? Яке значення має наполегливість пошуків, виражена у словах: "аж поки не знайде" (Лук.15:4,8)?

**Четвер, 19 травня**

Невже Бог забув про милість і в Своєму гніві стримує Своє милосердя? Псалом 77:10

Де намножився гріх, там безмірно виявилася благодать. Римлян 5:20

Читання: Євангелія від Луки 15:11-32

Які уроки щодо покаяння і прийняття грішника Богом можна знайти в історії молодшого брата з притчі про блудного сина? Чому старший брат був обурений не тільки колишньою поведінкою молодшого брата, але й рішенням Батька прийняти його після всього, що він зробив? Які риси вашої особистості та життєвої історії роблять вас схожими на молодшого та які на старшого брата?

## П'ятниця, 20 травня

Адже моя провина піднялася вище моєї голови, вона лежить на мені, наче важкий тягар. Псалом 38:4
Христос знищив розписку стосовно нас, яка своїми приписами була проти нас, Він забрав її з-поміж нас і прибив до хреста. Колосян 2:14

Читання: Євангелія від Луки 15:11-32
Як поєднуються Божа святість і справедливість з Його добротою та милістю? Чи не суперечить Бог Сам Собі, прощаючи грішника? У чому полягає надія, яку дає нам ще один Син Батька – оповідач усіх трьох притч?

## Субота, 21 травня

Той, хто любить гроші, ніколи грішми не насититься, – як і той, хто любить великі достатки, не матиме прибутку. Екклезіаста 5:9
Маючи їжу та одяг, цим будемо задоволені. Ті ж, хто прагне до збагачення, потрапляють у спокуси, у тенета, в численні нерозумні та шкідливі пожадання, які приводять людей до знищення і загибелі. 1 Тимофія 6:8-9

Читання: Євангелія від Луки 16:1-12
У притчі про невірного управителя складається враження, що Ісус схвалює нечесний спосіб дій головного героя. Чи так це? Кому й навіщо було розказано цю історію?

## Неділя, 22 травня

**Rogate – 5 неділя після Великодня (білий)**

Гасло тижня: **«Благословенний Бог, Який не відкинув моєї молитви, і не відмовив мені у й Своєму милосерді».** Псалом 66:20

Текст до проповіді: **Луки 11:1-13**

Псалом 95:1-7а

Вихід 32:7-14; 1 Тимофія 2:1-6а

Я проведу через вогонь, і розплавлю їх, як плавиться срібло, – Я випробую їх, як випробовується золото. Вони прикликатимуть Моє Ім'я, і Я їм відповім. Захарії 13:9

З того радійте, навіть якщо тепер ви маєте бути дещо засмучені всілякими випробовуваннями, щоб випробування вашої віри – набагатоціннішої за золото, яке гине, хоч і випробовується у вогні, – виявилося для похвали, слави і честі при з'явленні Ісуса Христа. 1 Петра 1:6-7

Читання: Євангелія від Луки 16:1-12

Як зрозуміти заповідь: "Набувайте собі друзів від багатства неправедного"?

**Понеділок, 23 травня**

Радісно співайте Богові, нашій Силі. Псалом 81:1
В усьому виявляємо себе як слуги Бога: у великому терпінні, в стражданнях, у нещастях,.. у пригніченнях, як ті, які сумують, але завжди радіють; як убогі, але багатьох збагачуємо; наче ті, які нічого не мають, але всім володіють. 2 Коринтян 6:4,10

Читання: Євангелія від Луки 16:13
Що є "справжнім багатством", яке Ісус протиставляє "неправедному"? Як і де його можна знайти?

**Вівторок, 24 травня**

Не гнівайся на нас, Господи, понад міру, і не пам'ятай наших гріхів. Будь ласка, зглянься над нами, адже всі ми – Твій народ! Ісаї 64:8
Дітоньки мої, пишу вам це, щоб ви не грішили. А коли хто згрішить, то маємо Заступника перед Отцем, Ісуса Христа, Праведника. 1 Івана 2:1

Читання: Євангелія від Луки 16:14-17
Як відреагували фарисеї на настанови Ісуса щодо багатства та жадібності (Лук.16:14-15)?

**Середа, 25 травня**

Твоя, Господи, величність, сила, пишнота, слава, і могутність, адже все, що на небі й на землі Твоє! 1 Хронік 29:11

Адже один є Бог і один Посередник між Богом та людьми – Людина Ісус Христос, Який дав Себе як викуп за всіх. 1 Тимофія 2:5-6

Читання: Євангелія від Луки 16:18

Чому серед роздумів про багатство з'являється уривок, присвячений темі подружніх стосунків та вірності?

**Четвер, 26 травня**

**Вознесіння Господнє** (білий)

Гасло дня: **«Якщо Я буду піднятий від землі, то притягну всіх до Себе!»** Івана 12:32

Текст до проповіді: **Даниїла 7:1-14**

Псалом 47:2-10

1Царів 8:22-24.26-28; Дії 1:3-11; Луки 24:44-53

Посадженні в Господньому Домі, - таки процвітають у дворах Нашого Бога. Навіть у пізньому похилому віці вони будуть плодовиті, соковиті і свіжі. Псалом 92:14-15

Ісус сказав: «Я знову побачу вас, і зрадіє ваше серце, і вашої радості вже ніхто не забере від вас». Івана 16:22

Читання: Євангелія від Луки 16:19-31

Що ця притча говорить про життя після смерті? Чи погоджуєтесь ви з тим, що не можна жити на землі як багатій, а на небесах - як Лазар?

## П'ятниця, 27 травня

Іди, й нехай буде з тобою Господь! 1 Самуїла 17:37
Коли хто служить, – нехай служить, наче з сили, яку дає йому Бог. 1 Петра 4:11

Читання: Євангелія від Луки 16:19-31
Як притча про багатія та Лазаря продовжує і поглиблює розпочату розмову про багатство, бідність і правильне ставлення до них? Чи можна стверджувати на підставі цієї історії, що Бог любить бідних і не вподобає багатих? Чому?

## Субота, 28 травня

Не покладайтесь на князів – на жодного з людей, який не може спасти. Псалом 146:3
Ісус Христос, Який є вірний Свідок, Первородний з мертвих, Владика земних царів. Об'явлення 1:5

Читання: Євангелія від Луки 17:1-2
Що таке випробування чи спокуси (Лук.17:1)? Як вони виникають до чого ведуть людину? Чому покарання тим, хто спричиняє спокуси, є настільки суворим (Лук.17:2)?

**Неділя, 29 травня**

**Exaudi – 6 неділя після Великодня** (білий)

Гасло тижня: **«Якщо Я буду піднятий від землі, то притягну всіх до Себе!»** Івана 12:32

Текст до проповіді: **Римлянам 8:26-30**

Псалом 27:1.7-14

Єремії 31:31-34; Ефесян 3:14-21; Івана 16:5-15

Соломон сказав: «Адже небеса і небеса небес не в стані Тебе вмістити, то що вже говорити про цей Храм, який збудував я?!» 1 Царів 8:27

Бога ніхто ніколи не бачив. Коли любимо одне одного, то в нас перебуває Бог, і Його любов у нас – досконала. 1 Івана 4:12

Читання: Євангелія від Луки 17:3-10

Як пов'язані настанови Ісуса щодо прощення з проханням апостолів помножити їхню віру та притчею про раба і пана?

**<u>Понеділок, 30 травня</u>**

Я ж бідний і нужденний, але Господь дбає про мене. Псалом 40:18

Надія ж не засоромлює. Римлян 5:5

<u>Читання: Євангелія від Луки 17:11-19</u>

Що цінніше – здоров'я грішника чи його спасіння? Як пов'язані між собою віра та подяка? Чи завжди хворі отримують зцілення від Бога? Чи можемо ми дякувати Богові, якщо не отримали від Нього бажаної допомоги?

**<u>Вівторок, 31 травня</u>**

Згадай і про мене, Господи, – у доброзичливості до Свого народу, відвідай мене спасінням Своїм. Псалом 106:4

Кожному з нас дана благодать згідно з даром Христа. Ефесян 4:7

<u>Читання: Євангелія від Луки 17:20-37</u>

Як давні історії Ноя і Лота зі Старого Завіту допомагають краще зрозуміти майбутні події, пов'язані з другим пришестям Христа (Лук.17:20-37)? Що трапилось з дружиною Лота і навіщо згадувати про це (Лук.17: 32)?

**<u>Середа, 1 червня</u>**

Господь судитиме народи. Псалом 7:9

Адже всі ми маємо з'явитися перед судовим престолом Христа, щоб кожний одержав згідно з тим, що в тілі робив: добро чи зло. 2 Коринтян 5:10

<u>Читання: Євангелія Луки 17:20-37</u>

Що потрібно, щоб повернення Христа не лякало, а тішило нас?

**<u>Четвер, 2 червня</u>**

Господь пам'ятає про нас і благословить. Псалом 115:12

Що ти маєш, чого б ти не отримав? 1 Коринтян 4:7

<u>Читання: Євангелія від Луки 18:1-8</u>

Які важливі істини щодо молитви ми знаходимо в притчі про неправедного суддю?

## П'ятниця, 3 червня

Хто приносить жертву подяки, той Мене шанує, – тому, хто бездоганно вважає на свою дорогу, явлю Я Боже спасіння. Псалом 50:23
Будьте вкорінені й збудовані в Ньому, зміцнюйтеся вірою, як ви навчилися, переповнюючись [у Ньому] подякою. Колосян 2:7

Читання: Євангелія від Луки 18:1-8
У цьому та попередньому розділі Ісус кілька разів називає Себе Син Людський (Луки 17:24,26,30; 18:8,31). Чому Він не використовує Свій титул Син Божий?

## Субота, 4 червня

Господь йшов перед ними в денний час у хмарному стовпі, щоб показувати їм дорогу, а вночі – у полум'яному стовпі, щоб освітлювати їм шлях, аби вони могли йти вдень і вночі. Вихід 13:21
А все, що раніше було написане для нашого навчання, щоби через терпіння і втіху з Писання ми мали надію. Римлян 15:4

Читання: Євангелія від Луки 18:9-14
Що є схвальним в молитві митника і що є прикрим у молитві фарисея?

## Неділя, 5 червня

**П'ятидесятниця** (червоний)

Гасло тижня: **«Не силою і не людською могутністю, а лише Моїм Духом, - говорить Господь Саваот!»** Захарії 4:6б

Текст до проповіді: **Римлянам 8:1-11**

Псалом 118:24-29

Буття 11:1-9; Дії 2:1-21; Івана 14:15-27

Хоча моє серце і моє тіло занемагають, однак Бог є Скелею мого серця й моєю Долею повіки. Псалом 73:26

Ми самі, маючи зачаток Духа, самі в собі стогнемо, очікуючи усиновлення та викуплення нашого тіла. Адже ми надією спаслися. Римлян 8:23-24

Читання: Євангелія від Луки 18:15-17

Чому учні докоряли батькам, що приносили дітей до Ісуса? Церква – це місце лише для дорослих чи для дітей теж? У якому сенсі Царство Боже належить дітям чи тим, хто подібний до них?

## Понеділок, 6 червня

Господь випробовує всі серця і знає навіть потаємні думки. 1 Хронік 28:9
Що ми перебуваємо в Ньому, а Він у нас, дізнаємося з того, що Він нам дав від Свого Духа. 1 Івана 4:13

Читання: Євангелія від Луки 18:18-27
Чи вчить історія про багатого юнака тому, що спасіння недоступне багатим людям або що бідні автоматично отримують його? Чому? Як цей діалог може допомогти моральним, вихованим людям усвідомити свою потребу в Євангелії?

## Вівторок, 7 червня

Служіть Господу всім своїм серцем! Не прихиляйтесь до примарних ідолів, які не приносять жодної користі, та які не можуть спасати, оскільки вони ніщо. 1 Самуїла 12:20-21
Якщо хто Мені служить, нехай іде за Мною, і де Я, там буде і Мій слуга. Івана 12:26

Читання: Євангелія від Луки 18:28-34
Чи повинні учні Христа думати про нагороду, яка на них чекає?

## Середа, 8 червня

Від Господа зубожіння і багатство, – Він понижує і підносить угору. 1 Самуїла 2:7
Брати мої, не зважайте на особу, майте віру в нашого Господа слави – Ісуса Христа! Якова 2:1

Читання: Євангелія від Луки 18:28-34
Як пов'язані між собою реальність майбутньої винагороди від Бога та перспектива страждань? Чому апостоли не усвідомили тоді цей взаємозв'язок?

## Четвер, 9 червня

Якби ти вчинив, як слід, то хіба твоя жертва не була би прийнята? А якщо ти не зробив так, як потрібно, то при дверях чатує гріх. Він спонукає до пожадання, але ти маєш над ним панувати. Буття 4:7
Христос визволив нас для свободи. Галатів 5:1

Читання: Євангелія від Луки 18:35-43
Чим ми схожі на сліпого, що просив милостині і чим відрізняємося від нього?

## П'ятниця, 10 червня

Лагідна відповідь заспокоює гнів, а вразливе слово викликає обурення. Притчі Соломона15:1
Гніваючись, – не грішіть; сонце хай не заходить у вашому гніві, і не давайте місця дияволові. Ефесян 4:26-27

Читання: Євангелія від Луки 19:1-10
З ким у сучасному світі можна було б порівняти Закхея та інших персонажів історії з ним?

## Субота, 11 червня

В останні дні станеться так, що... більше не підніматиме народ проти народу меча, і не вчитимуться більше воювати. Ісаї 2:2,4
Питали його [Івана] й воїни, кажучи: «А ми що маємо робити?» І він їм відповів: «Нікого не кривдьте, не обмовляйте і задовольняйтеся своєю платнею». Лука 3:14

Читання: Євангелія від Луки 19:1-10
Чому поява Ісуса в його домі викликала нарікання в людей? Чи є в нашому оточенні люди, поряд з якими ми не хотіли б бачити Ісуса?

## Неділя, 12 червня

**Трійця** (білий)

Гасло тижня: **«Благодать Господа Ісуса Христа, любов Бога і спільність Святого Духа – з усіма вами. Амінь»**
2 Коринтян 13:13

Текст до проповіді: **Римлян 11:32-36**
Псалом 113
Ісаї 6:1-8(9-13); Івана 3:1-8(9-13)

Не слідуватимеш з більшістю за злом. Вихід 23:2
Щоб ми в любові були правдомовні, щоб у всьому досягли зросту Того, Хто є Голова, – Христа. Ефесян 4:15

Читання: Євангелія від Луки 19:1-10

Чи можна здобути спасіння через благодійність та примирення з тими, кого ми образили в минулому (Лук.19:8)?

## Понеділок, 13 червня

Дивовижними ділами праведності Ти відповідаєш нам, Боже, Спасителю наш. Псалом 65:6
Ісус сказав: «І що тільки попросите в Моє Ім'я, те й зроблю». Івана 14:14

Читання: Євангелія від Луки 19:11-28
Які грошові одиниці використовувалися у першому столітті у Палестині? Що таке динарій, драхма, лепта, міна, талант? Чим сьогодні для нас можуть бути таланти? Ми володарі, чи розпорядники?

## Вівторок, 14 червня

Якщо Господь не стерегтиме міста, даремно його охороняє сторож. Псалом 127:1
Я впевнений у тому, що Той, Хто розпочав у вас добре діло, завершить його до дня Ісуса Христа. Филип'ян 1:6

Читання: Євангелія від Луки 19:11-28
Чого навчає притча про десять мін? На кого із її персонажів ви сьогодні можете бути схожими?

**<u>Середа, 15 червня</u>**

Господь буде охороняти твій вхід і твій вихід, віднині й повіки. Псалом 121:8
Вірний Господь, Який зміцнить вас і збереже від лукавого. 2 Солунян 3:3

<u>Читання: Євангелія від Луки 19:29-35</u>
З якою метою Ісус сідає на осля? Чого може навчити нас сцена, де учні беруть його "в оренду" у господарів?

**<u>Четвер, 16 червня</u>**

Служіть Господу, вашому Богові, і Він поблагословить ваш хліб і вашу воду. Вихід 23:25
Тож не журіться і не говоріть: «Що будемо їсти?» Або: «Що будемо пити?» Чи: «В що зодягнемося?» Адже цього всього язичники шукають. Бо ж знає ваш Отець Небесний, що цього всього потребуєте. Матвія 6:31,32

<u>Читання: Євангелія від Луки 19:36-40</u>
Як зустрічають люди Ісуса, який наближається до Єрусалима? Чим спричинене їхнє піднесення? Чого вони чекали від Ісуса, як від Царя? Чи були ці сподівання реалістичними?

## <u>П’ятниця, 17 червня</u>

Господи, Боже мій, Ти надзвичайно величний! Ти зодягнутий у славу і красу. Ти облачаєшся в світло, як в одежу. Псалом 104:1-2
А ви – рід вибраний, царське священство, святий народ, придбаний, аби звіщати чесноти Того, Хто вас покликав із темряви до дивного Його світла. 1 Петра 2:9

Читання: Євангелія від Луки 19:41-44
Чому Ісус плаче за Єрусалимом? У чому причина того сумного майбутнього, яке Він пророчо передбачає?

## <u>Субота, 18 червня</u>

Він напоїв спрагнену душу і зголоднілого обдарував добром. Псалом 107:9
Мій Бог, згідно зі Своїм багатством, нехай задовольнить усяку вашу потребу – у славі, в Ісусі Христі. Филип'ян 4:19

Читання: Євангелія від Луки 19:45-48
Ким були продавці та покупці, яких Христос вигнав із храму? Як цей вчинок поєднується з любов'ю та милістю, яких і Він навчав? Чи можна знайти схожість між занепадом духовності та благочестя в ізраїльському народі того часу та сьогоднішнім станом християнської церкви?

## Неділя, 19 червня

**1 неділя після Трійці** (зелений)

Гасло тижня: **«Хто слухає вас, - той Мене слухає, а хто гордує вами, - Мною гордує».** Луки 10:16а

Текст до проповіді: **Луки 16:19-31**

Псалом 34:2-11

Єремії 23:16-29; 1Івана 4:13-21;

Дехто сипле щедро, і йому ще прибуває, а інший надміру ощадливий, однак бідніє. Притчі Соломона 11:24

Павло сказав: «Я вам увесь час показував, що так працюючи, треба захищати немічних і згадувати слова Господа Ісуса, Який Сам сказав: Блаженніше давати, ніж брати!» Дії 20:35

Читання: Євангелія від Луки 20:1-8

Питання про владу та повноваження: "Хто дав тобі цю владу?" Чому і в кого він з'явився? Чи є це питання актуальним сьогодні?

## Понеділок, 20 червня

У тебе не буде інших богів, крім Мене. Вихід 20:3
А Симон-Петро відповів Йому: «Господи, до кого ми підемо? Ти маєш слова вічного життя; і ми повірили й пізнали, що Ти є Святий – [Син живого] Бога!» Івана 6:68-69

Читання: Євангелія від Луки 20:9-19
Для кого Ісус розповідає цю притчу? Що символізує виноградник, господар, слуги, син та робітники (орендарі)? Хто може бути такими робітниками в наш час? Як цьому можна запобігти?

## Вівторок, 21 червня

Устами дітей і немовлят Ти закріпив силу задля Своїх ворогів. Псалом 8:3
Первосвященики та книжники, побачивши чудеса, які Він чинив, і дітей, які вигукували в храмі: «Осанна Синові Давидовому!» – обурилися і сказали Йому: «Чи чуєш, що вони кажуть?» Матвія 21:15-16

Читання: Євангелія від Луки 20:9-19
Як ми реагуємо, коли Боже Слово викриває наші гріхи? Хто є цим "наріжним каменем" і що це означає для нас?

## Середа, 22 червня

Зберігай мої настанови й мої повчання, як зіницю свого ока, – і будеш жити! Притчі Соломона 7:2
Хто мудрий і досвідчений між вами? Нехай покаже свої діла в лагідній мудрості доброго способу життя. Якова 3:13

Читання: Євангелія від Луки 20:20-26
Питання про гроші і політику: "Чи сплачувати податки імператору?" (Лук.20:22). Як звучить сучасна версія цього питання? Що саме треба віддавати кесареві і що Богу (Лук.20:25)?

## Четвер, 23 червня

Вигукуйте, голосно співайте пісню хвали, волаючи: «Господи, спаси Свій народ». Єремії 31:7
Тепер же, Господи, поглянь на їхні погрози і дай Своїм рабам з усією сміливістю говорити Твоє слово. Дії 4:29

Читання: Євангелія від Луки 20:20-40
У цьому розділі Ісуса тричі (Луки 20:21,28,39) називають "Учитель" і ставлять Йому питання. Але з якою метою? Чи хочуть ті, хто запитує, чогось навчитися? Які підступні запитання сьогодні висувають християнам їхні опоненти? Як ми на них відповідаємо?

## П'ятниця, 24 червня

**День Народження Івана Хрестителя** *(білий)*

Господній Закон бездоганний, – він укріплює душу. Псалом 19:8

Запитували його люди, кажучи: «Що ж маємо робити?» У відповідь він сказав їм: «Хто має дві сорочки, нехай дасть тому, хто немає, а хто має їжу, так само нехай робить!» Луки 3:10-11

Читання: Євангелія від Луки 20:27-40

Питання про істину і тлумачення Писання: "Чи можна вірити у воскресіння з мертвих?" (Лук.20:28-33). Чи є доктрини, що в наші дні викликають запеклі суперечки та дискусії? Яким принципам дискусії з опонентами ми можемо навчитися у Ісуса? Що Він робив і чого не робив, дискутуючи зі своїми ідейними супротивниками?

## Субота, 25 червня

**День Аугсбурзького віросповідання**

Усвідом це своїм серцем, що, як людина виховує свою дитину, так Господь, твій Бог, виховує тебе. Книга Второзаконня 8:5

Ісус сказав: «Адже Я дав вам приклад, щоб і ви робили так, як Я зробив вам». Івана 13:15

Читання: Євангелія від Луки 20:41-44

Яке питання і з якою метою тут ставить Сам Ісус?

**Неділя, 26 червня**

**2 неділя після Трійці** (зелений)

Гасло тижня: **«Прийдіть до Мене всі втомлені та обтяжені, - і Я заспокою вас!».** Матвія 11:28

Текст до проповіді: **Йона 3:1-10**

Псалом 36:6-10

Ісаї 55:1-5; Ефесян 2:11-22; Луки 14:15-24

Хоч Ти дав мені зазнати численних і тяжких нещасть, але Ти мене оживиш і знову. Псалом 71:20

Мир залишаю вам, Мій мир Я даю вам. Не так, як світ дає, Я даю вам. Хай не тривожиться ваше серце і не лякається. Івана 14:27

Читання: Євангелія від Луки 21:1-4

Що таке "лепта"? Чого Ісус хотів навчити Своїх учнів, схвалюючи вдову за її пожертвування (Лук.21:1-4)?

## Понеділок, 27 червня

Твої одноплемінники кажуть: «Господь чинить неправильно», – тоді як, насправді, роблять неправильно вони. Єзекіїля 33:17
Досліджуйте те, що до вподоби Богові. Ефесян 5:10

Читання: Євангелія від Луки 21:5-6
Яку роль відігравав єрусалимський Храм в культурі і релігії Ізраїлю? Що спільного і відмінного є в порівнянні до церкви? На що Ісус хотів звернути увагу говорячи про майбутнє знищення храму?

## Вівторок, 28 червня

Коли Господь праворуч мене, я не захитаюсь. Псалом 16:8
Павло сказав: «Одержавши допомогу від Бога, аж до цього дня стою, щоб свідчити малому й великому». Дії 26:22

Читання: Євангелія від Луки 21:7-19
Про які події тут говорить Ісус – про ті, що вже трапилися, чи про ті, що мають відбутися до нашого часу. Чому ви так вважаєте? Чого в світлі майбутніх подій слід остерігатися і чого не варто боятися тим, хто слідує за Христом (Лук.21:8-9)?

## <u>Середа, 29 червня</u>

**День Апостолів Петра і Павла** *(червоний )*

Я поклав перед вами життя і смерть, благословення і прокляття. Тож обери життя, щоб жити

тобі і твоїм нащадкам. Книга Второзаконня 30:19

Вічне життя є те, щоби знали Тебе, єдиного істинного Бога, і Того, Кого Ти послав, – Ісуса Христа. Івана 17:3

<u>Читання: Євангелія від Луки 21:7-19</u>

Що означає здобувати терпеливістю душу свою (Лук.21:19)? Що в цьому розділі здається важким для розуміння та прийняття?

## <u>Четвер, 30 червня</u>

Господь – моя Сила і Пісня, Він став для мене Порятунком. Вихід 15:2

Марія сказала: «Зробив мені велике Сильний! І святе Ім'я Його». Луки 1:49

<u>Читання: Євангелія від Луки 21:20-24</u>

Яке значення Єрусалим відігравав в юдейській культурі? Чи пережив єврейський народ досвід знищення своєї столиці? Коли і як це відбулося? Які труднощі виникають при вивченні подібних фрагментів? Як ви собі з ними радите?

## П’ятниця, 1 липня

Обернися, Господи, визволи мою душу, – спаси мене задля Свого милосердя! Псалом 6:5
Ісус же, обернувшись і побачивши її, сказав: «Кріпися, дочко! Віра твоя тебе спасла. І жінка була оздоровлена тієї ж миті». Матвія 9:22

Читання: Євангелія від Луки 21:25-33
Які явища, згідно з пророцтвом Ісуса, мають стати індикаторами фіналу нинішньої історії людства? Чи можна сказати, що таких катастроф і лих не було раніше і тому вони унікальні? Якщо ні, то чому Христос описує їх як ознаки кінця часів?

## Субота, 2 липня

Якби я полетів на крилах зірниці й поселився на краю моря, – то й там Твоя рука попровадила б мене, – Твоя правиця підтримала б мене. Псалом 139:9-10
Ісус сказав: «І ось Я з вами по всі дні аж до кінця віку!» Матвія 28:20

Читання: Євангелія від Луки 21:34-36
Як, згідно з цими настановами, християнам слід очікувати другого пришестя Христа?

## Неділя, 3 липня

**3 неділя після Трійці** (зелений)
**День Апостола Фоми** (червоний )
Гасло тижня: **«Син Людський прийшов знайти та спасти те, що загинуло!».** Луки 19:10

Текст до проповіді: **Єзекіїля 18:1-4.21-24.30-32**
Псалом 103:1-13
Міхея 7:18-20; 1Тимофія 1:12-17; Луки 15:1-3.11б-32

Прийдіть, послухайте всі, що боїтеся Бога, я розповім, що зробив Він для мене. Псалом 66:16
Павло писав: «А що тепер живу в тілі, то живу вірою в Божого Сина, Який полюбив мене й віддав Себе за мене». Галатів 2:20

Читання: Євангелія від Луки 21:37-38
Чим Ісус займався в Свої останні дні перед судом та розп'яттям? Як в світлі цього фрагменту та цитати Мартіна Лютера "Якби я знав, що завтра прийде останній день, то посадив би сьогодні ще одну яблуньку" ми можемо поводитись в часи випробування або, навіть, в останні дні?

## Понеділок, 4 липня

Адже усе це створила Моя рука, і воно все належить Мені! – говорить Господь. Але ось на кого Я зверну увагу: на лагідного і скрушеного духом, – на того, хто тремтить перед Моїм Словом. Ісаї 66:2
Ісус молився: «Освяти їх істиною [Своєю]! Твоє Слово – то істина». Івана 17:17

Читання: Євангелія від Луки 22:1-6
Чому священники та книжники хотіли вбити Ісуса? Чому Іуда зрадив Христа? Яку винагороду він отримав від священників?

## Вівторок, 5 липня

І повірив Аврам Господеві, й це зараховано йому в праведність. Буття 15:6
Ті, хто від віри, – сини Авраама. Галатів 3:7

Читання: Євангелія від Луки 22:7-13
Що таке "Пасха" і "свято Опрісноків" (Лук.22:1,7)? Це одне й те саме? Чому так чи чому ні? В чому незвичність розпоряджень Христа для приготування Пасхи? Що вони свідчать про Його особу?

## Середа, 6 липня

Сам Господь буде тобі вічним світлом, – твій Бог – славою твоєю. Ісаї 60:19
Ось звістка, яку ми почули від Нього й сповіщаємо вам: Бог є світло, і в Ньому немає жодної темряви! 1 Івана 1:5

Читання: Євангелія від Луки 22:14-23
Як події далекого минулого, пов'язані з Пасхою та опрісноками стали прообразами смерті Христа заради спасіння грішників? Яке значення мають хліб та вино у заповіді Причастя, встановленого Ісусом під час останньої трапези з учнями? Хто, навіщо, де і з якою регулярністю має здійснювати Причастя сьогодні?

## Четвер, 7 липня

Від Тебе походять багатство і слава, Ти володієш усім, і в Твоїх руках сила та потуга; від Твоєї руки залежить учинити когось великим і могутнім! 1 Хронік 29:12
Ісус обійняв їх [дітей] і, поклавши на них руки, благословив. Марка 10:16

Читання: Євангелія від Луки 22:24-27
Про що говорить суперечка учнів щодо їхнього статусу, яка виникла під час трапези? Яку альтернативу світському розумінню величі показав Ісус учням?

## П'ятниця, 8 липня

Я вас покараю згідно з плодами ваших учинків, – говорить Господь. Єремії 21:14
Роблячи добро, не втрачаймо запалу, бо свого часу пожнемо, якщо не ослабнемо. Галатів 6:9

Читання: Євангелія від Луки 22:28-30
Яку нагороду пропонує Христос тим, хто проходить через випробування? Що для вас значить Царство Боже?

## Субота, 9 липня

Вони не відчували спраги, коли Він провадив їх пустелею, – Він учинив так, що вода потекла з каменя. Ісаї 48:21
Ісус сказав: «Якщо хто спраглий, нехай приходить до Мене і п'є». Івана 7:37

Читання: Євангелія від Луки 22:31-34
Про що Христос говорить в цьому фрагменті? Чого вчить нас поспішна обітниця Петра?

## Неділя, 10 липня

**4 неділя після Трійці** (зелений)
Гасло тижня: **«Носіть тягарі один одного і таким чином виконаєте Закон Христа».** Галатам 6:2

Текст до проповіді: **Івана 8:3-11**
Псалом 42:2-6
Буття 50:15-21; Римлян 12:17-21; Луки 6:36-42

Адже ви, у Моїх руках, як глина в руках гончаря. Єремії 18:6
То Бог за Своєю доброю волею викликає у вас і бажання, і дію. Филип'ян 2:13

Читання: Євангелія від Луки 22:35-38
Що мав на увазі Ісус, доручаючи учням взяти гаманець та торбу, продати одяг та купити меч? Які відомість намагається передати Христос Своїм учням? Як вони його розуміють? Як зрозуміти, коли біблійний текст потрібно тлумачити дослівно, а коли образно? Чи виникають у вас з цим проблеми і як ви їх вирішуєте?

## Понеділок, 11 липня

Господь, – сила моя та моя твердиня, – мій захист у лиху годину. Єремії 16:19

В усьому нас тіснять, але ми не пригноблені; ми в скрутних обставинах, але не впадаємо в розпач. 2 Коринтян 4:8

Читання: Євангелія від Луки 22:39-46

Яку роль відіграє молитва в боротьбі зі спокусою? Що можна дізнатися з молитви Ісуса в Гефсиманському саду про духовну боротьбу та джерело сили для її провадження?

## Вівторок, 12 липня

Владика Господь, – моя сила! Авакум 3:19

Бо для цього ми і працюємо й зазнаємо утисків, поклавши надію на живого Бога. 1 Тимофія 4:10

Читання: Євангелія від Луки 22:47-53

Що відбувається в цьому фрагменті? Чому ця подія відбувається вночі? Якою є реакція учнів? Що на противагу цьому робить Христос?

## Середа, 13 липня

Тих, котрі врятувалися, Я відішлю до інших народів: де ще не чули про Мене і не бачили Моєї слави, – щоб вони сповіщали про Мою славу між народами. Ісаї 66:19
Ісус сказав: «Ідіть по цілому світі й усьому творінню проповідуйте Євангелію». Марка 16:15

Читання: Євангелія від Луки 22:54-65
Чим схожі і чим відрізняються зрада Юди (Лук.22:2-6, 47-48) та зречення Петра (Лук.22: 31-34, 54-62)? Хто знущався над Христом? Чому віруючі творять іноді жорстокі речі в ім'я віри?

## Четвер, 14 липня

Господь добрий до всіх, – Його милосердя помітне на всіх Його вчинках. Псалом 145:9
Який Своєму сонцю велить сходити над злими і над добрими та посилає дощ на праведних і на неправедних. Матвія 5:45

Читання: Євангелія від Луки 22:66-71
Що синедріон хотів почути від Христа? Чи міг Ісус очікувати на справедливий суд? Обґрунтуйте свою відповідь. Хто такий "Син Божий"? Що ці слова значать для вас?

## П'ятниця, 15 липня

Послухаю, що скаже Господь Бог! Безперечно, Він говоритиме про мир для Свого народу, – для вірних Своїх, лише нехай вони не повертаються знову до своєї нерозсудливості. Адже Його спасіння слизьке до тих, котрі бояться Його. Милосердя та істина зустрінуться, правда і мир поцілуються. Псалом 85:10, 11
Отже, виправдавшись вірою, маємо мир з Богом через нашого Господа Ісуса Христа. Римлян 5:1

Читання: Євангелія від Луки 23:1-7
Чим відрізняється риторика звинувачень на адресу Ісуса на суді в первосвященика і перед Понтієм Пилатом? Про що свідчить ця різниця?

## Субота, 16 липня

Якщо б я опинився в небезпеці, Ти збережеш моє життя. Псалом 138:7
В усьому виявляємо себе як слуги Бога: у великому терпінні, в стражданнях, у нещастях,.. у пригніченнях. 2 Коринтян 6:4

Читання: Євангелія від Луки 23:8-12
Як веде себе Ісус на трьох допитах (у первосвященника, Пилата та Ірода)? Чи міг Він захистити Себе? Якщо так, то чому не зробив цього? Чи можуть сьогодні християни відстоювати свої права в суді? Коли потрібно виявити готовність відмовитися від своїх законних прав?

## <u>Неділя, 17 липня</u>

**5 неділя після Трійці** (зелений)
Гасло тижня: **«Адже ви спасенні благодаттю через віру, і це не від вас, це Божий дар».** Ефесян 2:8

Текст до проповіді: **Буття 12:1-4а**
Псалом 73:1-3.8-10.23-26
1Коринтян 1:18-25; Луки 5:1-11

Господи, постав охорону біля моїх уст, охороняй двері моїх губ. Псалом 141:3
Жодне погане слово хай не виходить з ваших уст, а тільки добре для зміцнення [віри], щоб воно принесло користь тим, хто слухає. Ефесян 4:29

<u>Читання: Євангелія від Луки 23:13-25</u>
Чому люди вимагали смерті Ісуса, незважаючи на всі Його добрі справи та бажання Ірода з Пилатом звільнити Його? Чи завжди рішення, ухвалене більшістю голосів, є найкращим? Якщо ні, як тоді ухвалювати рішення? Як доля злочинця, Варавви, стала ілюстрацією заступницької жертви Христа за грішників?

**Понеділок, 18 липня**

Через страждання дочки мого народу, я зовсім розбитий, – говорить пророк , – ходжу сумним, мене огортає страх. Невже немає бальзаму в Гілеаді, невже там немає лікаря? Чому дочка мого народу не може одужати? Єремії 8:21,22

Ісус каже учням: «І в яке тільки місто ввійдете, і де приймуть вас, їжте те, що покладуть вам; оздоровляйте недужих, які там є, кажіть їм: «Наблизилося до вас Боже Царство!» Луки 10:8-9

Читання: Євангелія від Луки 23:26-32

Хто супроводжує Ісуса в дорозі до хреста? Чому Його хрест переклали на іншу особу? Як відреагував Христос на плач жінок? Чому?

**Вівторок, 19 липня**

Господній ангел отаборюється навколо тих, котрі бояться Його, і визволяє їх. Псалом 34:8

І ось Господній ангел став перед ним, і світло засяяло в кімнаті. Штовхнувши Петра в бік, він підвів його, кажучи: «Швидко вставай!» І залізні кайдани поспадали з його рук. Дії 12:7

Читання: Євангелія від Луки 23:33-34

Як називається місце кари, де розіп'яли Христа та злочинців? Чому воїни ділили між собою Його одяг? Про що просив Христос в молитві на хресті? Чого це може навчити нас?

**Середа, 20 липня**

Ти мій Притулок і Захист мій! Я покладаю надію на Твоє слово. Псалом 119:114
У відповідь сотник сказав: «Господи, я не достойний, щоб Ти увійшов під мій дах, але тільки скажи слово, – і мій слуга одужає». Матвія 8:8

Читання: Євангелія від Луки 23:35-38
Як поводяться різні свідки розп'яття Ісуса – народ, начальники та воїни? Чому римляни прикріпили такий напис над Христом?

**Четвер, 21 липня**

Згадуючи в майбутньому свою поведінку, тобі буде соромно, коли Я прощу тобі все що ти натворила, – говорить Владика Господь. Єзекіїля 16:61,63
Адже смуток, що по-Божому, приносить покаяння на спасіння, – ним не слід журитися, а смуток світу спричиняє смерть. 2 Коринтян 7:10

Читання: Євангелія від Луки 23:39-43
Як відреагували злочинці на присутність Христа? Чому один з них проявляв до Нього злість? Як ви розумієте прохання другого злочинця та обітницю Христа?

## <u>П'ятниця, 22 липня</u>

**День Марії Магдалини** *(білий )*

Благословенний Господь, Який дав Своєму народові, Ізраїлю, спокій в усьому, як Він обіцяв!1 Царів 8:56

Отже, для Божих людей залишається дотримання суботи. Євреїв 4:9

<u>Читання: *Євангелія від Луки 23:44-49*</u>

Що незвичайного можна відзначити у поведінці сотника? Про що Ісус молиться з хреста (Лук.23:46) і який у цьому урок для нас?

## <u>Субота, 23 липня</u>

Не жахайся і не бійся, адже Господь, твій Бог, буде з тобою скрізь, куди б ти не пішов! Ісус Навин 1:9

Через це радію в немочах, у клопотах, у нестатках, у вигнаннях та утисках за Христа, бо коли я немічний, – тоді я сильний. 2 Коринтян 12:10

<u>Читання: *Євангелія від Луки 23:50-56*</u>

Ким був Йосип з Ариматеї? Хто допомагав йому під час поховання? (див. інші Євангелія) Про свідчить його вчинок? Що робили жінки, присутні підчас розп'яття?

## Неділя, 24 липня

**6 неділя після Трійці** (зелений)

Гасло тижня: **«Але тепер так говорить Господь, Який створив тебе: Не бійся, бо Я тебе викупив, назвавши тебе на ім'я, - ти Мій!»** Ісаї 43:1

Текст до проповіді: **Римлян 6:3-8 (9-11)**
Псалом 139:1-12
Ісаї 43:1-7; Матвія 28:16-20

Відгалуження Його ріки веселять Боже місто, святу оселю Всевишнього. Бог посеред нього, воно не зрушиться. Псалом 46:5-6
Ось Божа оселя з людьми; і Він поселиться з ними, і вони будуть Його народом, і сам Бог буде з ними – їхній Бог. Одкровення 21:3

Читання: Євангелія від Луки 24:1-12

Хто першим дізнався про воскресіння Христа (Луки 24:1-10)? Як учні сприйняли звістку про воскресіння (Лук.24:11)? Чому їм важко було прийняти цю новину, незважаючи на те, що Сам Ісус попереджав їх про неї?

**Понеділок, 25 липня**

**День Апостола Якова старшого** *(червоний)*

Давид кріпився надією на Господа, свого Бога! 1 Самуїла 30:6

І сказали апостоли Господу: «Додай нам віри!» Луки 17:5

Читання: Євангелія від Луки 24:13-35

Як Ісус відкривається двом мандрівникам, що прямують до Еммауса? Про яке Писання йдеться у цьому розділі (Лук.24:27,32)? Наскільки важливою є роль Писання у нашому особистому духовному становленні та зростанні?

**Вівторок, 26 липня**

Сповіщайте між народами про діяння Його, розповідаючи, яке преславне Його Ім'я. Ісаї 12:4

І я побачив іншого ангела, який летів серед неба. Він мав вічну Євангелію, щоби звіщати її жителям землі, – усякому народові, поколінню, племені й народності, – проголошуючи гучним голосом: «Побійтеся Бога й віддайте Йому славу». Об'явлення 14:6-7

Читання: Євангелія від Луки 24:36-49

Що викликало в душах учнів страх, смуток, здивування та радість? Які емоції ми відчуваємо, розмірковуючи про воскресіння Христа з мертвих? Що робить Сам Христос для того, щоб переконати учнів у реальності Свого воскресіння? Чи можемо ми сьогодні отримати переконливі докази достовірності воскресіння Христа з мертвих?

**Середа, 27 липня**

Прославляйте Владику над владиками, бо милосердя Його вічне! – Того Єдиного, Хто творить великі чудеса, бо милосердя Його вічне! Псалом 136:3,4

Один з них, побачивши, що видужав, повернувся, прославляючи Бога гучним голосом,

упав обличчям до ніг Його, дякуючи Йому. Луки 17:15-16

Читання: Євангелія від Луки 24:50-53

Яке доручення Ісус дав учням перед своїм вознесінням на небеса? Чи актуальне воно для нас сьогодні? Що Ісус робить на небесах після вознесіння?

**Четвер, 28 липня**

Хто вшановує оманливих нікчемних ідолів, той зневажає Милосердного Бога. Йона 2:9

Проминає і світ, і його пожадання, а той, хто виконує Божу волю, – залишається вічно. 1 Івана 2:17

**П'ятниця, 29 липня**

Дорога ж праведних, як проблиск світанку, який стає дедалі яснішим, – аж поки не настане світ лий день. Притчі Соломона 4:18

Улюблені! Тепер ми – Божі діти, але ще не виявилося, що будемо. Знаємо, що коли Він з'явиться, ми будемо подібні до Нього, адже побачимо Його таким, який Він є. 1 Івана 3:2

## Субота, 30 липня

Ми служитимемо Господу, нашому Богові, і Його голосу будемо слухатись! Ісус Навин 24:24
Ісус відповів [Пилату] : «Ти сам кажеш, що [Я] Цар. Я для того народився і для того прийшов у світ, щоби свідчити про істину. Кожний, хто від істини, слухає Мій голос». Івана 18:37

## Неділя, 31 липня

**7 неділя після Трійці** (зелений)
Гасло тижня: **«Тож ви більше не чужі й не захожі, а співгромадяни святих і домашні для Бога».** Ефесян 2:19

Текст до проповіді: **Івана 6:1-15**
Псалом 107:1-9
Вихід 16:2-3.11-18; Дії 2:41-47

Не віддаляйся від мене, бо скорбота близько, а помічника немає. Псалом 22:12
Вірний Бог не допустить, щоб ви випробовувалися понад міру. 1 Коринтян 10:13

## **Понеділок, 1 серпня**

Мир, мир далеким і близьким, – сказав Господь, – Я зцілю всіх! Ісаї 57:19

Бог миру нехай буде з усіма вами! Римлян 15:33

Читання: Євангелія від Марка 1:1-8

Ким був Марк – автор Євангелія? Що Писання повідомляє про його біографію в Діях 4:36-37, 12:25, Кол.4:10, 2Тим.4:11, 1Пет,5:13? Звідки він дізнався про історію Ісуса і з якою метою вирішив її записати?

## **Вівторок, 2 серпня**

Хіба не один в усіх нас Отець? Хіба не один Бог нас створив? Чому ж ми зраджуємо один одного, опоганюючи таким чином Заповіт наших батьків? Малахія 2:10

В покорі вважайте одне одного більшим за себе. Филип'ян 2:3

Читання: Євангелія від Марка 1:1-8

В чому полягала місія Іоанна Хрестителя? Які пророчі слова із Мал.3:1 та Іс.40:3 допомагають нам краще зрозуміти його завдання?

**Середа, 3 серпня**

Устань і засяй, бо зійшло твоє світло, і слава Господня осяяла тебе! Ісаї 60:1
Ви всі – сини світла й сини дня. 1 Солунян 5:5

Читання: Євангелія від Марка 1:1-8
Чим Іоанн Хреститель схожий на Іллю та інших старозавітних пророків? Чи маємо ми прагнути бути схожими на Івана Хрестителя і в чому саме?

**Четвер, 4 серпня**

Взявши листа з рук послів, Єзекія прочитав його й пішов з ним до Господнього Храму. Там Єзекія розгорнув сувій перед Господом. 2 Царів 19:14
Нічим не журіться, але в усьому молитвою та благаннями з подякою висловлюйте ваші прохання Богові. Филип'ян 4:6

Читання: Євангелія від Марка 1:9-11
Хрещення в Йордані було символом покаяння, розриву із своїми гріхами. Тоді навіщо безгрішний Ісус прийняв хрещення? Як це допомагає нам краще зрозуміти задум Його спокутної смерті на хресті?

## П'ятниця, 5 серпня

З моїм Богом подолаю мури. Псалом 18:29
Адже Бог не дав нам духа страху, але духа сили, любові й розсудливості. 2 Тимофія 1:7

Читання: Євангелія від Марка 1:9-11
Що символізував голуб в сцені хрещення? Де ще в Писаннях зустрічаються згадки про цього птаха? Чи мають ці згадки щось спільне?

## Субота, 6 серпня

Тільки стережись і пильнуй свою душу, аби ти не забув того, що бачили твої очі. Книга Второзаконня 4:9
Тож згадай те, що ти прийняв і почув, – і зберігай та покайся. Об'явлення 3:3

Читання: Євангелія від Марка 1:12-13
Навіщо Дух Божий повів Ісуса в пустелю для випробовування? Якою мірою це випробовування співзвучно із випробуванням Адама в Едемі і Ізраїлю в пустелі після виходу з Єгипту?

## Неділя, 7 серпня

**8 неділя після Трійці** (зелений)

Гасло тижня: **«Поводьтеся, як діти світла. Адже плід світла - в усякій доброті, праведності й правді».**
Ефесян 5:8.9

Текст до проповіді: **Марка 12:41-44**
Псалом 48:2.3а.9-15
Ісаї 2:1-5; Ефесян 5:8б-14; Матвія 5:13-16

Не бійся, улюблений муже, мир тобі! Будь мужнім, будь сильним! Даниїла 10:19
Ваш смуток на радість зміниться. Івана 16:20

Читання: Євангелія від Марка 1:14-15
Як звучить перша згадана Марком проповідь Ісуса? В чому полягає радісна звістка Євангелія? Що означає покаятись та вірувати в Євангеліє? Як визначити, що мої покаяння та віра є справжніми?

**Понеділок, 8 серпня**

Дадуть Йому ім'я: Дивовижний Порадник, сильний Бог, Отець вічності, Владика миру. Ісаї 9:5
І ми пізнали й повірили в любов, яку Бог має в нас. Бог є любов, і хто перебуває в любові, той перебуває в Бозі, а Бог перебуває в ньому. 1 Івана 4:16

Читання: Євангелія від Марка 1:16-20

Для чого Христос обирає Собі учнів? Ким були перші учні? Що змінилось в їхньому житті після зустрічі з Ісусом? Як поєднуються історії покликання Симона та Андрія тут і в Ів.1:35-42?

**Вівторок, 9 серпня**

Я – друг усіх тих, котрі шанують Тебе і дотримуються Твоїх Заповідей. Псалом 119:63
Пилип запитав [ефіопського вельможу]: «Чи ти розумієш те, що читаєш?» Той відказав: «Як же можу я розуміти , коли ніхто не наставить мене?» І попросив Пилипа, щоб увійшов і сів біля нього. Дії 8:30-31

Читання: Євангелія від Марка 1:21-28

Чим відрізняються хворі люди від біснуватих? Про що свідчить той факт, що влада Христа розповсюджувалась як на хвороби, так і на демонів? Чи діє Він так само і в наші дні? Чи потрібно віруючим сьогодні звертатись до лікарів? Що було виняткового в навчанні Христа в синагозі?

## Середа, 10 серпня

Коли переходитимеш через води, – Я буду з тобою, – через ріки, вони тебе не затоплять. Якщо будеш йти крізь вогонь, – не попечешся, і полум'я тебе не обпалить. Ісаї 43:2
Чого боїтеся, маловіри? Матвія 8:26

Читання: Євангелія від Марка 1:29-34
Які ще чуда зробив Ісус в Капернаумі? Як виглядало зцілення тещі Петра? Як часто Ви згадуєте в молитві своїх близьких?

## Четвер, 11 серпня

Любіть Господа, всі святі Його Псалом 31:24
Тепер залишаються ці три: віра, надія, любов; та найбільша з них – любов. 1 Коринтян 13:13

Читання: Євангелія від Марка 1:35-39
Наскільки молитва була важливою для Ісуса? Що свідчить про це? Що заважає нам ставитись до спілкування з Небесним Отцем так само, як це робив Ісус?

## П'ятниця, 12 серпня

Господь чинить правосуддя над скривдженими, дає поживу голодним. Псалом 146:7

І звелів Ісус людям посідати на землю і, взявши сім хлібів, віддав подяку, переломив і дав Своїм учням, щоб роздавали. І роздали людям. Марка 8:6

Читання: Євангелія від Марка 1:40-46

Що найбільше вражаєте вас в зустрічі Ісуса з прокаженим? Що наказав Ісус прокаженому після зцілення? Як він поступив? Які були наслідки його вчинка?

## Субота, 13 серпня

Я підставляв Свою спину для биття, не ухиляв Своїх щік від ударів, і Свого обличчя не відвертав від образ й опльовування. Ісаї 50:6

Ось Агнець Божий, що на Себе бере гріх світу! Івана 1:29

Читання: Євангелія від Марка 2:1-12

Тут ми вперше зустрічаємось з опонентами Сина Божого – книжниками та фарисеями. Хто вони? В яких злочинах вони звинувачують Ісуса? Яку реакцію у звичайних людей викликали вчинки Ісуса? Зверніть увагу на такі уривки, як Мк.1:22, 27, 2:12?

## Неділя, 14 серпня

**9 неділя після Трійці** (зелений)
Гасло тижня: **«У кожного, кому дано багато, від того будуть і багато вимагати, і кому багато довірено, від того і вимагатимуть більше».** Луки 12:48б
Текст до проповіді: **Матвія 25:14-30**
Псалом 63:2-9
Єремії 1:4-10; Филипян 3:4б-14; Матвія 13:44-46

Хто подібний до Господа, Бога нашого, Котрий перебуває на висотах, і дивиться до низу – на небо й на землю? Він підіймає нужденного з пороху, – витягає убогого з болота.
Псалом 113:5-7
Він, маючи Божу природу, не вважав посяганням бути рівним Богові, але понизив Самого Себе, прийнявши образ раба, постав у подобі людини і з вигляду був як людина. Филип'ян 2:6-7

Читання: Євангелія від Марка 2:1-12
Як історія з паралізованим чоловіком допомагає підняти завісу таємниці над особистістю Ісуса? Хто Він – Бог чи просто видатна людина? Чи легко було Ісусу прощати людям їхні гріхи? Чи легко вам прощати? Чому?

## Понеділок, 15 серпня

Вигуки радості й торжества в наметах праведників, – Господня правиця здійснює перемогу! Господня правиця високо піднята! Господня правиця виявляє потугу! Псалом 118:15-16
Величає душа моя Господа, і радіє дух мій у Бозі, Спасителі моїм. Луки 1:46-47

Читання: Євангелія від Марка 2:1-12

Христос називає Себе Сином Людським, Лікарем, Володарем суботи (Мк.2:10, 17, 19, 28). Навіщо? Ким Він є сьогодні для вас?

## Вівторок, 16 серпня

Не будемо приховувати від наступних поколінь та від їхніх дітей, звіщаючи про славу Господню та Його силу, – про всі Його дивовижні діла, які Він учинив. Псалом 78:4
І не запалюють світильника, аби поставити його під посудину, але ставлять на свічник, щоби світив усім. Матвія 5:15

Читання: Євангелія від Марка 2:13-17

Як виглядало покликання Левія Христом? Чи легко з людської перспективи залишити все й слідувати за Христом? Як виглядало ваше покликання? Що справляє найбільші проблеми та що допомагає в слідуванні за Христом для вас? Що було причиною для нарікання серед книжників та фарисеїв? Чи є якісь люди, яких Вам важко уявити християнами?

**Середа, 17 серпня**

Лише шануйте Господа і служіть Йому щиро від усього свого серця, пам'ятаючи, які величні справи вчинив Він заради вас! 1 Самуїла 12:24
У наполегливості не лінуйтеся, духом палайте, Господу служіть. Римлян 12:11

Читання: Євангелія від Марка 2:18-22
Навіщо Ісус використовував притчі? Що може означати притча про латку та бурдюки з вином (Мк.2:21-22)? Де в цьому розділі згадується їжа та те, що пов'язано з нею – бенкет, піст, посуд, поле? Чому тема їжі викликає палкі дискусії? Як виглядає ваша практика посту?

**Четвер, 18 серпня**

Господь любить справедливість. Псалом 37:28
Тож кесареве віддайте кесареві, а Боже – Богові! Луки 20:25

Читання: Євангелія від Марка 2:23-28
Чому опоненти звинувачували Ісуса та Його учнів в порушенні заповіді про суботу/день спокою Чи були ці звинувачення справедливими? Чому? Яким чином Ісус використовує приклади із Старого Завіту, щоб пояснити свої вчинки? В чому схожі Давид та Христос (Мк.2:23-28)?

**П'ятниця, 19 серпня**

Моя душа приліпилася до Тебе, – мене підтримує Твоя правиця. Псалом 63:9
Знаю, Кому я повірив, і переконаний, що Він має силу зберегти довірене мені до того дня. 2 Тимофія 1:12

Читання: Євангелія від Марка 2
Чому нас можуть навчити події цього розділу? Знайдіть хоча б три способи, як ці історії можна застосувати в нашому житті сьогодні?

**Субота, 20 серпня**

Я буду для Ізраїлю, наче роса, – він зацвіте, немов лілія. Осії 14:5
Я є Виноградна Лоза, ви – галузки. Хто перебуває в Мені, а Я в ньому, той приносить рясний урожай, бо без Мене можете робити нічого. Я - лоза, а ви - гілки. Івана 15:5

Читання: Євангелія від Марка 3:1-6
Що вчинив Ісус в синагозі і в чому намагалися Його звинуватити фарисеї? Чи потрібно нам сьогодні дотримуватись заповіді про суботу? Якщо так, то навіщо і як?

## Неділя, 21 серпня

**10 неділя після Трійці (зелений)**
Гасло тижня: **«Блаженний народ, для якого Господь є Його Богом, - люди, яких Він обрав собі у спадщину!».** Псалом 33:12

Текст до проповіді: **Матвія 5:17-20**
Псалом 122:1-9
Вихід 19:1-6; Римлян 11:25-32; Марка 12:28-34

Не затримуйте мене, бо Господь пощастив мені в дорозі. Буття 24:56
Тим часом вони, мандруючи дорогою, під'їхали до якоїсь води. І скопець каже: «Ось вода. Що ж забороняє мені охреститися?» Дії 8:36

Читання: Євангелія від Марка 3:1-6
Що таке закам'янілість серця (Мк.3:5) і чому воно викликало в Ісуса суміш обурення та засмучення? Як нам визначити в якому стані наші серця? Хто такі іродіяни (Мк.3:6) і чим вони відрізнялись від книжників та фарисеїв, яких ми вже зустрічали? В чому вони були схожі?

## Понеділок, 22 серпня

Господи, Боже наш – на Тебе ми покладаємось. Єремії 14:22
Тому приступаймо сміливо до престолу благодаті, щоб одержати милість і знайти благодать для своєчасної допомоги. Євреїв 4:16

Читання: Євангелія від Марка 3:7-12
Нечисті духи, на відміну від книжників та фарисеїв, одразу визнавали Ісуса Сином Божим. Тоді чому Христос не дозволяв їм озвучувати цю істину (Мк.1:34, 2:11-12)?

## Вівторок, 23 серпня

Я – Господь, твій Бог, Який вивів тебе з єгипетського краю, з дому неволі. Вихід 20:2
Де Господній Дух, там свобода. 2 Коринтян 3:17

Читання: Євангелія від Марка 3:13-19
З якою метою робиться повторний опис покликання апостолів (Мк.1:16-20 і Мк.3:13-19)? Бути учнем Христа та бути апостолом – одне й те саме? Спробуйте перерахувати всіх дванадцятьох учнів Христа не заглядаючи до біблійного тексту

## Середа, 24 серпня

**День Апостола Варфоломія** *(червоний)*
Я відчуватиму вільний простір, бо шукав і віднайшов Твої Заповіді. Псалом 119:45
Але в цьому всьому перемагаємо – завдяки Тому, Хто нас полюбив. Римлян 8:37

Читання: Євангелія від Марка 3:20-21
Як відреагували близькі на дії Ісуса? Чому? Які у вас відносини з родичами, які не розділяють Вашого світогляду та не сповідують віру у Христа?

## Четвер, 25 серпня

Я ж кликатиму до Бога, і Господь мене врятує. Псалом 55:17
На нього ми покладаємо надію, що він знову врятує нас, оскільки ви також приєднуєтесь, допомагаючи нам своїми молитвами. 2 Коринтян 1:10-11

Читання: Євангелія від Марка 3:22-30
Яку оцінку дали Ісусу єрусалимські книжники і чому (Мк.3:21-22)? В чому найчастіше всього несправедливо звинувачують християн, послідовників Ісуса? Що означає "зневажати Святого Духа"? Чому цей гріх є непростимим? Чи можуть християни вчинити такий гріх?

## П'ятниця, 26 серпня

Співайте Господеві, прославляйте Його Ім'я, щодня сповіщайте про Його спасіння. Псалом 96:2
Навчайте і застерігайте самі себе, з вдячністю співаючи Богові у своїх серцях псалми, прославлення, духовні пісні. Колосян 3:16

Читання: Євангелія від Марка 3:31-35
Як зрозуміти слова Ісуса про новий вид родинних відносин? Чи означають вони, що ми можемо нехтувати своїми обов'язками перед близькими людьми?

## Субота, 27 серпня

Тож не позбавляй мене, Господи, Своїх щедрот. Твоє милосердя і Твоя вірність нехай постійно мене оберігають. Псалом 40:12
Вірний Той, Хто покликав вас; Він і здійснить! 1 Солунян 5:24

Читання: Євангелія від Марка 4:1-9
Яку роль відігравали притчі у вченні Ісуса? Вони допомагали, чи заважали зрозуміти важливі істини? Чому для притч обирались образи із сільського господарства (зерна, земля, сіяння, дозрівання, жнива) та домашнього побуту (світильник)?

## Неділя, 28 серпня

**11 неділя після Трійці** (зелений)

Гасло тижня: **«Бог гордим противиться, а покірним дає благодать».** 1 Петра 5:5б

Текст до проповіді: **2 Самуїла 12:1-10.13-15а**

Псалом 145:1-2.14.17-21

Ефесян 2:4-10; Луки 18:9-14

Звіщайте між народами про Його славу, – серед усіх племен про дивовижні Його діла. Псалом 96:3

Моліться також і за нас, щоби Бог відчинив нам двері Слова. Колосян 4:3

Читання: Євангелія від Марка 4:10-20

Як Христос пояснює значення притчі Своїм учням? Що означає бути хорошим слухачем? Чи це легко? Як навчитись слухати те, що Бог бажає нам сказати? Яку роль в пізнанні Бога відіграє готовність задавати питання? Чи всі питання є добрими? Як відрізнити добре питання від поганого?

## Понеділок, 29 серпня

Встань, Боже, вступися за Свою справу. Псалом 74:22
Відкривши нам таємницю Своєї волі, за Своїм уподобанням, яке раніше наперед ухвалив у Ньому для впорядкування повноти часів, щоб об'єднати в Христі все те, що на небі та що на землі. Ефесян 1:9-10

Читання: Євангелія від Марка 4:21-23
Який приклад використовує Ісус в цій притчі? Чи він зрозумілий для вас? Які ще ви знаєте євангельські історії про світло і світильник? Що означає для вас бути світлом для інших?

## Вівторок, 30 серпня

Мойсей простягнув руку в бік моря, і протягом усієї ночі Господь сильним південним вітром гнав море, зробивши його суходолом, оскільки вода розступилася. Вихід 14:21
Вірою перейшли Червоне море, наче суходіл. Євреїв 11:29

Читання: Євангелія від Марка 4:24-25
Як ви розумієте цю притчу? До чого вона спонукає вас в повсякденному житті? Як ви розумієте вірш 25? Що і кому буде додане та забране?

**Середа, 31 серпня**

Надійся, Ізраїлю, на Господа , адже в Господа милосердя, і велике викуплення в Нього. Псалом 130:7
Бог спроможний збагатити вас усякою благодаттю, щоб ви завжди в усьому мали повний достаток і збагачувалися всяким добрим ділом. 2 Коринтян 9:8

Читання: Євангелія від Марка 4:26-29
З чим порівнює Боже Царство Христос? Яке вираження знаходять тут дві сторони реальності – Божа суверенна дія та наша людська відповідальність?

**Четвер, 1 вересня**

Ти наблизився до мене в той час, коли я кликав до Тебе, і сказав: «Не бійся!» Плач Єр. 3:57
Просіть – і отримаєте, щоб ваша радість була повна. Івана 16:24

Читання: Євангелія від Марка 4:30-34
Що через порівняння з гірчичним зерном хотів сказати Ісус? Що вас означає Царство Боже? Чи воно вже наступило?

## П'ятниця, 2 вересня

Нехай благословляє нас Бог і хай бояться Його всі краї землі! Псалом 67:8
Достойний Ти, Господи і Боже наш, прийняти славу, честь і силу, адже Ти створив усе, і завдяки Твоїй волі все постало і було створене! Об'явлення 4:11

Читання: Євангелія від Марка 4:35-41
Як історія з бурею на морі продовжує розмову Ісуса, розпочату в притчах? Чи можна сказати, що учні засвоїли уроки із нещодавно почутих притч? Які бурі сьогодні позбавляють нас спокою та викликають страх? Як ми можемо усвідомити реальність присутності Христа з нами та заспокоїтись завдяки Його контролю над ситуацією?

## Субота, 3 вересня

Те, що скрите, належить Господу, нашому Богу, а відкрите – нам та нашим дітям навіки. Книга Второзаконня 29:28
Ісус молився: «І Я виявив їм Твоє Ім'я, і виявлятиму, щоб любов, якою Ти полюбив Мене, була в них, і Я – в них». Івана 17:26
Читання: Євангелія від Марка 4
Скільки притч в цьому розділі? Яка тема об'єднує їх в одну цілісну оповідь? На рішення яких проблем спрямовані ці історії? Чи актуальні ці проблеми для нас сьогодні?

## Неділя, 4 вересня

**12 неділя після Трійці** (зелений)
Гасло тижня: **«Тростини надломленої Він не доламає і тліючого ґнота не погасить».** Ісаї 42:3а

Текст до проповіді: **Дії 9:1-20**
Псалом 147:1-6.11
Ісаї 29:17-24; Марка 7:31-37

**Гасло тижня:** Тож обери життя, щоб жити тобі і твоїм нащадкам, у любові до Господа, свого Бога, слухаючись Його голосу й прихиляючись до Нього. Книга Второзаконня 30:19,20
Ти ж, Господи, не віддаляйся! Сило моя, поспіши мені на допомогу. Псалом 22:20
Знаємо, що [Господь] слухає нас. 1 Івана 5:15

Читання: Євангелія від Марка 5:1-20
Що означають слова «біснуватий чоловік», «легіон», «синагога», «Десятимістя»? Що відбувається під час зустрічі біснуватого з Христом? Чому Христос не вважає цінними свиней, яким Він дозволив потонути в морі? Яка реакція була місцевих мешканців на чудо Христа? Що могло бути причиною такої реакції?

**Понеділок, 5 вересня**

Хіба ж забуде матір своє немовля? Хіба вона не пожаліє дитини свого лона? Та як би й вона забула, то Я тебе не забуду! Ісаї 49:15

Тому ми відважуємося говорити: «Господь – мені помічник, тож я не боятимусь». Євреїв 13:6

Читання: Євангелія від Марка 5:1-20

Що просив у Христа зцілений біснуватий? Який наказ він отримав від Христа? Як виглядає Ваше благовістя серед близьких та знайомих?

**Вівторок, 6 вересня**

В Господа, Бога нашого, милосердя і прощення. Даниїла 9:9

Підходили до Ісуса всі митники та грішники, щоби послухати Його. Луки 15:1

Читання: Євангелія від Марка 5:21-24.35-43

Що виняткового в цій історії? Чим вона відрізняється від інших історій з чудесами? Як оточуючі в цій історії реагують на те, що робить Ісус? Які почуття у них виникають? Про що це свідчить? Наскільки істина про владу Ісуса над різними сферами реальності допомагає нам сьогодні долати наші спокуси та труднощі життя?

**Середа, 7 вересня**

Які ж любі Твої оселі, Господи Сил! Псалом 84:2
Адже де двоє або троє зберуться в Ім'я Моє, там і Я серед них! Матвія 18:20

Читання: Євангелія від Марка 5:25-34
Що найбільш вразило вас в цій історії? Чому? Чи можна пізнавати Ісуса без труднощів? Чи потрібен Він нам в спокійні періоди життя? Що є ціннішим для нас – Він Сам чи допомога, яку Він дає?

**Четвер, 8 вересня**

Я посилаю Мого ангела, щоб він приготував дорогу переді Мною. Малахія 3:1
І відразу Дух веде Його в пустелю. І був Він у пустелі сорок днів, спокушуваний сатаною; і серед звірів, і ангели служили Йому. Марка 1:12-13

Читання: Євангелія від Марка 5
Чи можна сказати, що кризова ситуація – це сприятлива можливість для зустрічі із Христом та Його пізнання? В яких ситуаціях нашого життя ми можемо пережити досвід відкриття Бога та богопізнання? Чому Христос підкреслює цінність віри тим, кого Він зустрічає в цих історіях? Звідки з'являється віра у Христа? Чи можемо ми самі «взяти та повірити»? Чи маємо ми прагнути здобувати та зміцнювати віру? Якщо так, то яким чином?

## П'ятниця, 9 вересня

Вилікуй мене, Господи, і я буду здоровим, – спаси мене, і я буду спасенним. Єремії 17:14

Почувши це, Ісус сказав їм: «Не здорові потребують лікаря, а хворі. Я прийшов кликати не праведників, а грішників». Марка 2:17

Читання: Євангелія від Марка 6:1-6

Якщо чудеса є доказом виняткової влади Ісуса, то чому люди, тим більше ті, хто знайомі з Ним найкраще, не поспішають увірувати і скептично ставляться до Нього?

## Субота, 10 вересня

Даниїл пішов до свого дому, вікна якого в його горішній кімнаті були відкриті в бік Єрусалима, і тричі на день він схилявся на коліна і молився, прославляючи свого Бога. Даниїла 6:10

Радійте надією, труднощі переносьте, перебувайте в молитві. Римлян 12:12

Читання: Євангелія від Марка 6:7-13

В чому полягало завдання, яке мали виконати учні Ісуса? Чому Ісус посилає їх по двох? Чи потрібно нам сьогодні практикувати те ж саме, що робили апостоли?

## Неділя, 11 вересня

**13 неділя після Трійці** (зелений)
Гасло тижня: **«Те, що зробили одному з Моїх найменших братів, ви зробили Мені».** Матвія 25:40б

Текст до проповіді: **Луки 10:25-37**
Псалом 112:1-10
Левіт 19:1-3.13-18.33-34; 1Івана 4:7-12

Саул сказав Давидові: «Адже досі не чувано, аби хтось, упіймавши свого ворога, дозволив би йому відійти своєю дорогою! Тому Господь відплатить тобі добром за те, що ти сьогодні зробив для мене!» 1 Самуїла 24:20
Нікому не платіть злом за зло, дбайте про добро перед усіма людьми. Римлян 12:17

Читання: Євангелія від Марка 6:14-29
Що спонукало Іродіяду придумати та втілити план по вбивству Івана Хрестителя? Як історія смерті Івана Хрестителя допомагає побачити різницю між царством цього світу та Царством Божим? Чи не здається вам, що Царство Боже зазнає тут поразки?
3. Чи змогла критика релігійних опонентів і жорстокість політичної влади зупинити Ісуса та змусити Його відмовитись від Своєї місії? Що сьогодні заважає нашому служінню і як ми реагуємо на ці виклики?

## Понеділок, 12 вересня

Що ми чули і зрозуміли, що розповіли нам наші батьки, не будемо приховувати від наступних поколінь та від їхніх дітей. Псалом 78:3-4
Даром отримали – даром давайте. Матвія 10:8

Читання: Євангелія від Марка 6:30-32
Чи варто ділитися з іншими християнами та служителями своїм досвідом в служінні? Що це може нам дати? Чи потрібно служителям церкви відпочивати? Навіщо? Чому це не завжди вдається?

## Вівторок, 13 вересня

Господь – Моя сила та пісня, – Він став мені порятунком. Псалом 118:14
Бог же надії нехай наповнить вас усякою радістю і миром у вірі, щоб ви силою Святого Духа збагатилися надією. Римлян 15:13

Читання: Євангелія від Марка 6:33-34
Чому Ісус назвав людей, що зібралися «вівцями без пастуха»? На скільки важливим в твоїй громаді і для тебе особисто є систематичне вивчення Божого слова? Що воно тобі дає чи може дати?

## Середа, 14 вересня

Господь сказав: «У нещасті ти покликав Мене, Я тебе визволив». Псалом 81:8
Павло писав: «А Господь став при мені й підкріпив мене». 2 Тимофія 4:17

Читання: Євангелія від Марка 6:35-44
Чого може нас навчити історія про нагодування 5000 осіб? Як віднеслися до пропозиції учні? Чого хотів навчити їх Ісус?

## Четвер, 15 вересня

Дехто говорить нерозважливо, – наче рубає мечем, а мова мудрих лікує. Притчі Соломона 12:18
Тому дбаймо про мир і про те, що служить збудуванню одне одного. Римлян 14:19

Читання: Євангелія від Марка 6:45-46
Яке значення для Ісуса мала молитва? Що молитва означає для нас? Наскільки часто ми її практикуємо? Чи є вона незмінним елементом нашого життя?

**<u>П’ятниця, 16 вересня</u>**

Мій народ житиме в оселях миру, – в безпечних помешканнях, і в місцях спокою. Ісаї 32:18
Тож ви більше не чужі й не захожі, а співгромадяни святих і домашні для Бога, збудовані на основі апостолів і пророків, де наріжним каменем є Сам Ісус Христос. Ефесян 2:19-20

<u>Читання: Євангелія від Марка 6:46-52</u>
Чому нас може навчити історія про ще одну бурю на морі та ходіння Ісуса по воді? Як пов’язано розуміння Бога та Його дій із станом серця людини? Як ми можемо оцінити стан нашого серця?

**<u>Субота, 17 вересня</u>**

Праведність і справедливість є основою Твого престолу; милосердя і вірність йдуть перед Тобою. Псалом 89:15
Отже, зодягніться, як обрані Богом, святі й улюблені, у щире милосердя, доброту, покірність, лагідність, довготерпіння. Колосян 3:12

<u>Читання: Євангелія від Марка 6:53-56</u>
Як люди зреагували на прибуття Ісуса з учнями? Чого ми очікуємо від наших взаємин зі Христом чи відвідування церкви? Чому люди, які доторкнулися до одежі Ісуса зцілювалися? Що було причиною їхнього зцілення?

## Неділя, 18 вересня

**14 неділя після Трійці** (зелений)
Гасло тижня: **«Благослови, душе моя, Господа і не забувай усіх Його благодійств».** Псалом 103:2

Текст до проповіді: **Ісаї 12:1-6**
Псалом 146:1-10
Буття 28:10-22; Римлян 8:14-17; Луки 17:11-19

Так за розпорядженням Господа Ізраїльтяни вирушали в дорогу і за наказом Господа отаборювались. Числа 9:18
І все, що тільки робите, – словом або ділом, – усе робіть в Ім'я Господа Ісуса, дякуючи через Нього Богові Отцеві. Колосян 3:17

Читання: Євангелія від Марка 6
Наскільки цей розділ допоміг нам наблизитись до розуміння того, що Ісус – це Син Божий? Що про Нього думають діючі особи цього розділу? Що Він Сам каже про Себе?

**Понеділок, 19 вересня**

Господь здійснює правосуддя на суді щодо всіх скривджених. Псалом 103:6

Я – Світло, яке прийшло у світ, щоб кожний, хто вірить у Мене, не перебував у темряві. Івана 12:46

Читання: Євангелія від Марка 7:1-13

Чому фарисеї та книжники наполягали на необхідності мити руки перед споживанням їжі? З міркувань гігієни? Чим вони керувались роблячи це, а також слідкуючі за чистотою посуду та меблів? Що важливіше – «передання старших» (Христос називає їх «людські заповіді») чи заповіді Божі (із закону Мойсея)? Чому? Коли правила, встановлені людьми, можуть співіснувати з законом Божим, а коли не можуть? Як Христос ілюструє це на прикладі заповіді про шанування батьків?

**Вівторок, 20 вересня**

Ось Мій Слуга, Якого Я підтримую, – Мій Обранець, Якого вподобала Моя душа. Я зіллю на Нього Свого Духа, і Він встановить серед народів правосуддя. Ісаї 42:1

Ви знаєте, що ті, кого вважають володарями народів, панують над ними, а їхні вельможі гноблять їх. Але не так буде між вами: якщо хтось між вами хоче бути великим, нехай буде вам слугою. Марка 10:42-43

Читання: Євангелія від Марка 7:1-13

Що Христос має на увазі, коли використовує слово «серце»? Які синоніми цього терміну ми зустрічаємо в Біблії? Чи можуть правила, встановлені людьми трансформувати серце людини? Чому? Де ми можемо знайти інструмент, що призводить до внутрішніх змін на рівні серця?

## Середа, 21 вересня

**День Апостола і Євангеліста Матвія** *(червоний-білий)*

Співайте Господеві, адже Він здійснив велике! Нехай про це знають по всій землі! Ісаї 12:5

Прибувши туди і зібравши Церкву, [Павло та Варнава] розповіли, що Бог зробив через них, як відчинив язичникам двері віри. Дії 14:27

Читання: Євангелія від Марка 7:14-23

Що, згідно зі слів Христа, оскверняє людину? Звідки беруться всі ці погані речі? Як можна їм протидіяти?

## Четвер, 22 вересня

Господи, Боже Сил, хто могутніший від Тебе? Господи, Твоя вірність довкола Тебе. Псалом 89:9

[Я молюся], щоби Бог Господа нашого Ісуса Христа, Отець слави, дав вам Духа мудрості й відкриття для Його пізнання. Ефесян 1:17

Читання: Євангелія від Марка 7:24-30

Де знаходився Тир, Сидон, Десятимістя, про які ми дізнаємось із цього розділу? Що відомо про людей, які там проживали? Про що свідчить той факт, що Христос спрямовує Свою милость не тільки на чоловіків, але й на жінок? І не тільки на євреїв, але й на язичників? Як зрозуміти слова Христа про хліб, який не можна забирати у дітей, щоб нагодувати щенят? І чому Він розцінив відповідь жінки як прояв її віри?

**П'ятниця, 23 вересня**

Господь зволив Господь зробити вас Своїм народом. 1 Самуїла 12:22

Адже ви спасенні благодаттю через віру, і це не від вас, це Божий дар. Ефесян 2:8

Читання: Євангелія від Марка 7:31-37

Що символізували дії Ісуса при зціленні глухонімого чоловіка?

**Субота, 24 вересня**

Я покараю мужів, котрі закостеніли над помутнілими осадами вина в чашах і вважають: «Господь не робить ні доброго, ні злого». Софонії 1:12

Адже ти кажеш: «Я багатий, розбагатів і нічого не потребую!» А не знаєш, що ти і нужденний, і мізерний, і вбогий, і сліпий, і голий! Раджу тобі купити в Мене золото, очищене у вогні, щоби збагатитися, та білий одяг, щоб одягнутися, аби не видно було сорому твоєї наготи, та мазь, щоби помазати твої очі, аби ти бачив. Об'явлення 3:17-18

Читання: Євангелія від Марка 8:1-9

Чим схоже і чим відрізняється це чудо нагодування натовпу людей від аналогічного випадку в Мк.6:34-44? Наскільки важливим є допомога голодуючим для вашої громади та Вас особисто? Які благословення та ризики можуть бути в цьому служінні?

## Неділя, 25 вересня

**15 неділя після Трійці (зелений)**
Гасло тижня: **«Покладіть на Нього всі ваші турботи, бо Він дбає про вас».** 1Петра 5:7

Текст до проповіді: **Галатам 5:25-6:10**
Псалом 127:1-2
Буття 2:4б-9(10-14)15(18-25); 1 Петра 5:5б-11; Матвія 6:25-34

Не дасть Він спіткнутися твоїй нозі, – не задрімає Той, Хто тебе стереже. Псалом 121:3
Наш Господь Ісус Христос зміцнить вас до кінця бути бездоганними. 1 Коринтян 1:7-8

Читання: Євангелія від Марка 8:10-13
Навіщо фарисеї вимагали від Ісуса чуда чи ознаки? Хіба вони не бачили Його чудес раніше? Чи буває так, що і ми очікуємо від Бога якихось особливих знаків? Це добре чи погано?

**<u>Понеділок, 26 вересня</u>**

Поверни мене, і я навернуся, бо Ти – Господь, мій Бог! Єремії 31:18

Потім каже Хомі: «Поклади сюди свій палець, поглянь на Мої руки, простягни свою руку і доторкнися до Мого боку, – і не будь невіруючий, але віруючий!» Івана 20:27

<u>Читання: Євангелія від Марка 8:14-21</u>

Що означає стерегтись закваски фарисейської та Іродової? Чи є це попередження важливим для нас сьогодні? Чому учні не зрозуміли Ісуса? Що заважає нам розуміти Бога та Його настанови?

**<u>Вівторок, 27 вересня</u>**

Люди, котрі знають свого Бога, зміцняться і діятимуть. Даниїл 11:32

Вірою Мойсей, коли виріс, відмовився називатися сином дочки фараона. Євреїв 11:24

<u>Читання: Євангелія від Марка 8:22-26</u>

Що незвичного в випадку зцілення сліпого? Хто привів його до Ісуса? Про що свідчить те, що зір повернувся до нього не одразу, а поступово? Як відбувається духовне прозріння людини? Поміркуйте над Пс.118:18 і Еф.1:17-18.

## Середа, 28 вересня

Господь потішив Свій народ, – Він викупив Єрусалим! Ісаї 52:9
Темрява минає, і вже сяє істинне світло.1 Івана 2:8

Читання: Євангелія від Марка 8:27-30
Ким насправді є Ісус? Що означає Його титул – Христос? Яку роль в Його місії відіграють страждання і чому?

## Четвер, 29 вересня

**День Архангела Михаїла і всіх ангелів** *(білий)*
Ісус [Навин], впавши долілиць, поклонився і сказав Йому: «Що мій Владика накаже Своєму слузі?» Ісус Навин 5:14
Ісус упав на коліна й молився, промовляючи: «Отче, коли хочеш,зроби, щоб минула Мене чаша ця; однак не Моя хай буде воля, але Твоя!» З'явився Йому ангел з неба, який додав Йому сили. Луки 22:41-43

Читання: Євангелія від Марка 8:31-33
Чому апостол Петро намагався переконати Ісуса не говорити про смерть? Як на це відреагував Христос? Що означають Його слова?

**П’ятниця, 30 вересня**

Адже для Тебе тисяча років, як день учорашній, що минув, як нічна сторожа. Псалом 90:4

Милість Його з роду в рід для тих, хто боїться Його. Луки 1:50

Читання: Євангелія від Марка 8:34—9:1

Яка ціна слідування за Христом? Які слова з цього фрагменту важливі для вас? Що означає «нести свій хрест»? Коли страждання можна вважати несенням хреста, а коли ні? Що надає християнам сили страждати за Христа? Що мав на увазі Ісус, коли казав, що учні не зазнають смерті, доки не побачать Боже Царство в могутності?

**Субота, 1 жовтня**

Він же був зранений за наші гріхи, був катований за наші провини. Завдяки перенесеному Ним стражданню, нам подаровано мир, – Його ранами ми оздоровлені! Ісаї 53:5

Він Сам Своїм тілом підняв наші гріхи на дерево, щоб ми, померши для гріхів, жили для праведності; Його ранами ви оздоровлені. 1 Петра 2:24

Читання: Євангелія від Марка 9:2-9

Як явлення Мойсея та Іллі, а особливо свідчення Отця про Сина доводить, що Ісус – це Син Божий?

2. Як відреагували учні Христа на побачене на горі?

## <u>Неділя, 2 жовтня</u>

**Свято подяки за врожай (16 неділя після Трійці)** (зелений)
Гасло тижня: **«Очі всіх спрямовані до Тебе, і Ти своєчасно даєш їм поживу».** Псалом 145:15

Текст до проповіді: **Второзаконня 8:7-18**
Псалом 104:1а.10-15.27-30.33
2 Коринтян 9:6-15; Марка 8:1-9

Горе тому, хто накопичує те, що йому не належить! Доки можна привласнювати собі взяте під заставу? Авакум 2:6
Глядіть і стережіться всякої зажерливості, бо не від надміру багатства залежить життя людини! Луки 12:15

<u>Читання: Євангелія від Марка 9:10-13</u>
Про що свідчить той факт, що в цьому, попередньому та наступному розділах декілька разів лунає наполегливе вчення Ісуса про Його майбутні страждання та смерть? Що для Вас означає «воскреснути з мертвих»?

**Понеділок, 3 жовтня**

Горе тому, хто сперечається зі своїм Творцем, – черепок зі земних черепків. Хіба глина може сказати гончареві: «Що ти робиш?» Ісаї 45:9

Отче наш, Який на небесах, нехай святиться Ім'я Твоє, нехай прийде Царство Твоє, нехай буде воля Твоя, як на небі, так і на землі. Матвія 6:9-10

Читання: Євангелія від Марка 9:14-29

Якби ви назвали цю історію? Наскільки ваша інтерпретація залежна від назв біблійних фрагментів? Чого нас може навчити історія зцілення юнака? Як ви розумієте слова «Вірую, допоможи моєму недовірству»? Що розповів Ісус своїм учням про це зцілення? Чи можна це вважати «універсальний правилом»? Чому? Що може бути причиною духовних невдач в служінні Богу? Наскільки це є актуальним для нас сьогодні?

**Вівторок, 4 жовтня**

Він визначає справедливість сироті та вдовиці й милує приходця, даючи йому хліб та одяг.

Тож і ви любіть приходців, оскільки самі були приходцями в єгипетському краю. Книга Второзаконня 10:18-19

Чужинцем був Я, і ви Мене прийняли. Матвія 25:35

Читання: Євангелія від Марка 9:30-32

Наскільки важливим є для нашої віри факт воскресіння Христа? Чому варто задавати питання стосовно духовності та віри? Чи є у вас така можливість в громаді? З ким Ви розмовляєте про свою віру?

## Середа, 5 жовтня

Надходить час, – говорить Господь, – коли Я укладу з родом Ізраїля і поколінням Юди Новий Заповіт. Єремії 31:31
Ізраїльтянам [належить] синівство, слава, завіти, законодавство, служіння й обітниці. Їхніми є батьки, від них же тілом і Христос, Який є Бог над усіма, благословенний навіки. Римлян 9:4-5

Читання: Євангелія від Марка 9:33-37
Чому між учнями Христа виникає конкуренція і суперництво? Як нам подолати спокусу марнославства в родині, церкві, на роботі?

## Четвер, 6 жовтня

Господні дороги прямі, й ними ходять праведні, а нечестиві на них спотикаються. Осії 14:9
Тому втішайте один одного і збудовуйте один одного, як ви й робите. 1 Солунян 5:11

Читання: Євангелія від Марка 9:38-42
Як сьогодні застосовувати принцип «хто не проти нас, той за нас» (Мк.9:38-41)? Чи можна застосувати його до відносин з віруючими з інших християнських конфесій, традицій?

## П'ятниця, 7 жовтня

Адже лише мить триває Його гнів, а Його милість – усе життя. Увечері буває плач, а на ранок – радість. Псалом 30:6

Хвалимося в Бозі через нашого Господа Ісуса Христа, через Якого ми тепер одержали примирення. Римлян 5:11

Читання: Євангелія від Марка 9:43-48

Що означає «спокусити» людину? Як зрозуміти заклик Ісуса відрубати руку, ногу чи вибрати око? Що допомагає нам вести боротьбу із спокусами? Що заважає перемагати і цій боротьбі?

## Субота, 8 жовтня

Те, що віддавна Мною було провіщено, відбулось, і тепер Я сповіщаю нове; перш ніж воно почне звершуватись. Ісаї 42:9

Багато пророків і праведників бажали бачити те, що ви бачите, але не бачили; і чути хотіли те, що ви чуєте, але не чули. Матвія 13:17

Читання: Євангелія від Марка 9:49-50

Що означає в цьому фрагменті «сіль»? Де ще в євангельських історіях ви зустрічали «сіль»? Що може означати мати в собі сіль? Що це має спільного з миром з іншим?

## Неділя, 9 жовтня

**17 неділя після Трійці** (зелений)
Гасло тижня: **«А перемога, що перемогла світ, - це наша віра!»** 1 Івана 5:4

Текст до проповіді: **Ісаї 49:1-6**
Псалом 138:1-8
Римлян 10:9-18; Матвія 15:21-28

Господь сказав Мойсеєві: «Я підніму їм Пророка з-поміж їхніх братів, як тебе. Я вкладу Мої слова в Його уста, і Він говоритиме їм усе, що Я Йому накажу». Книга Второзаконня 18:18
Але, як Бог знайшов нас гідними, щоби довірити Євангелію, ми так і говоримо, догоджаючи не людям, але Богові, Який випробовує наші серця. 1 Солунян 2:4

Читання: Євангелія від Марка 10:1-12
З якою метою фарисеї поставили Ісусу питання про розлучення? Про які встановлені Богом принципи шлюбу Він згадав у Своїй відповіді? Чи може розлучення не бути гріхом та при яких умовах?

## Понеділок, 10 жовтня

Дотримуйтесь Моїх Заповідей і виконуйте їх. Я – Господь. Левит 22:31

Ви сяєте, мов світила у світі, дотримуючи слово життя. Филип'ян 2:15-16

Читання: Євангелія від Марка 10:13-16

Чому учні забороняли людям приводити дітей до Ісуса для благословення? Як ми часом заважаємо дітям чи дорослим наблизитись до Бога? Що означає «прийняти Божого Царства, як дитина»? В чому саме діти можуть слугувати взірцем для дорослих?

## Вівторок, 11 жовтня

Споглянь зі святого Свого місцезнаходження, із Небес, і поблагослови Свій народ, Ізраїль. Книга Второзаконня 26:15

Симеон сказав: «Мої очі побачили Твоє Спасіння, яке Ти приготовив перед обличчям усіх народів: Світло відкриття для язичників і славу Твого народу Ізраїля!» Луки 2:30-32

Читання: Євангелія від Марка 10:17-27

Чи можна із історії зустрічі Ісуса із багатим юнаком зробити висновок, що багатство – зло, а бідність – благо? Чому? Як пов'язані наше спасіння та дотримання Божих заповідей? Чому юнак, який їх дотримувався, не мав вічного життя і не був підданим Божого Царства?

**<u>Середа, 12 жовтня</u>**

Тремтітимуть перед Господнім Іменем на заході; злякаються Його слави і на сході. Ісаї 59:19
Ісус сказав: «І прийдуть зі сходу, із заходу, з півночі, з півдня і сядуть у Царстві Божому. І ось, є останні, які будуть першими, і є перші, які будуть останніми!» Луки 13:29-30

<u>Читання: Євангелія від Марка 10:28-31</u>
Які нагороди і коли саме очікують на тих, хто є відданим послідовником Ісуса? Чи надихає нас така перспектива?

**<u>Четвер, 13 жовтня</u>**

Верни нас, Господи, до Себе, – і ми повернемось! Віднови наші щасливі дні, як було колись! Плач Єр. 5:21
Коли ж з'явилася благодать і любов до людей нашого Спасителя – Бога, Він нас спас не з причини праведних учинків, які ми вчинили, але зі Своєї милості через купіль відродження та оновлення Святим Духом. Тит 3:4-5

<u>Читання: Євангелія від Марка 10:32-34</u>
Чого Ісус навчав Своїх учнів в дорозі? Наскільки для важлива тема жертви Христа для нашої Церкви та нас особисто?

**П'ятниця, 14 жовтня**

Господи Саваоте, Боже Ізраїлю, Який сидиш на херувимах, Ти – єдиний є Богом усіх царств світу, адже Ти створив небо і землю. Ісаї 37:16
Павло писав: «Для цього я схиляюсь на свої коліна перед Отцем [Господа нашого Ісуса Христа], від Якого має ім'я кожна родина на небесах і на землі, щоби за багатством Своєї слави Він дав вам через Свого Духа зміцнитися силою у внутрішній людині». Ефесян 3:14-16

Читання: Євангелія від Марка 10:35-41
Чи розуміють Іван та Яків на даному етапі сенс земного служіння Христа? Чому? Чи сумісні прагнення влади та віра? Якщо влада від Бога, то для якої мети?

**Субота, 15 жовтня**

Я ж спрямую свій погляд на Господа, очікуватиму Бога мого спасіння. Мій Бог мене вислухає! Михей 7:7
Думайте про горішнє, – не про земне. Колосян 3:2

Читання: Євангелія від Марка 10:42-45
Яким чином справжня велич може проявитись в готовності служити, а не володарювати? Як і де цьому навчитись?

## Неділя, 16 жовтня

**18 неділя після Трійці** (зелений)
Гасло тижня: **«І ми маємо від Нього цю заповідь, щоб той, хто любить Бога, любив і свого брата»** 1 Івана 4:21

Текст до проповіді: **Ефесянам 5:15-20**
Псалом 1:1-6
Вихід 20:1-17; Марка 10:17-27

Не будеш викривляти на суді закону, не зважатимеш упереджено на особу і не братимеш хабарів, адже хабарі засліплюють очі мудрих і викривляють слова справедливих. Книга Второзаконня 16:19
Як ви можете повірити, коли приймаєте одне від одного славу, а слави, що від єдиного Бога, – не шукаєте? Івана 5:44

Читання: Євангелія від Марка 10:46-52
Чому може нас навчити чудо зцілення сліпого? Яку роль в цій історії відграє віра?

**Понеділок, 17 жовтня**

Не жадатимеш дружини свого ближнього. Книга Второзаконня 5:21
А любов ця: аби ми жили за Його заповідями! 2 Івана 1:6

Читання: Євангелія від Марка 11:1-11
Навіщо Ісусу було потрібно в'їжджати у Єрусалим на осляті? Що символізував цей вчинок? Як люди реагували на цю подію? Чим можна пояснити їх радість та захват? Чи потрібно нам прагнути такого душевного стану? В Єрусалимі було багато різних місць, будівель, закладів. Яке з них Ісус обрав відвідати і чому?

**Вівторок, 18 жовтня**

**День Євангеліста Луки** *(білий)*
Господь учиняє смерть, але й повертає до життя; принижує до шеолу, але й підіймає до небес. 1 Самуїла 2:6
Я є Альфа й Омега, [початок і кінець], – каже Господь Бог, – Хто є, і Хто був, і Хто приходить, – Вседержитель! Об'явлення 1:8

Читання: Євангелія від Марка 11:12-14
Як зрозуміти прокляття, адресоване Ісусом до смоківниці? Чи є дерево винним, якщо на ньому нема плодів?

**Середа, 19 жовтня**

Поспіши мені на допомогу, Господи! Ти – спасіння моє! Псалом 38:23

Сліпий Вартимей кричав: «Сину Давидів, помилуй мене!» А Ісус, зупинившись, сказав: «Покличте його!» Марка 10:48-49

Читання: Євангелія від Марка 11:15-19

Чому у храмі знаходились міняльникі та торговці? Чим вони там займались? Чому Ісуса обурив такий стан справ? Чи не була Його реакція жорстокою або неадекватною?

**Четвер, 20 жовтня**

Славлю Тебе, Господи! Ти гнівався на мене, але відвернув Свій гнів і потішив мене. Ісаї 12:1

Ісус сказав: «Адже Я прийшов закликати не праведників, а грішників [до покаяння]». Матвія 9:13

Читання: Євангелія від Марка 11:20-26

Чи є випадковим те, що історія про звільнення храму від торговців розташована між початком і закінченням історії про прокляття смоківниці? Який сенс може приховуватись в цьому? Чому Ісус переводить питання Петра про всохлу смоківницю на розмову про віру та молитву? Який в цьому урок для нас?

## П’ятниця, 21 жовтня

Господь Мене помазав, аби дати тим, котрі плачуть на Сіоні, замість попелу, вінець слави, єлей радості, замість плачу, і одяг слави, замість пригніченого духу. Ісаї 61:1,3

А син сказав йому: «Батьку, я згрішив перед небом і перед тобою; я вже не гідний зватися сином твоїм!» Та батько сказав своїм рабам: «Негайно принесіть найкращий одяг і зодягніть його». Луки 15:21-22

Читання: Євангелія від Марка 11:27-33

Які питання задають Ісусу Його опоненти в цьому та попередньому розділах? З якою метою? Як Він реагує на них?

## Субота, 22 жовтня

Ми не знаємо, що нам робити з ними, тому наші очі звернені до Тебе! 2 Хронік 20:12

Дивлячись на Проводиря і Вершителя віри, на Ісуса. Євреїв 12:2

Читання: Євангелія від Марка 12:1-12

Яким чином притча про винарів (Мк.12:1-12) відкриває істини про особистість Ісуса, Його місії, становища народу та його лідерів? Чим саме ця притча може бути корисною для сучасних християн?

## Неділя, 23 жовтня

**19 неділя після Трійці** (зелений)
Гасло тижня: **«Вилікуй мене, Господи, і я буду здоровим, - спаси мене, і я буду спасенним».** Єремії 17:14

Текст до проповіді: **Марка 2:1-12**
Псалом 32:1-7
Вихід 34:4-10; Якова 5:13-16

А до нечестивого Бог промовляє: «Чому ти розповідаєш про Мої закони, і чому в тебе на устах Мій Заповіт? Адже ти ненавидиш повчання і Мої слова відкидаєш геть». Псалом 50:16-17
А хто дивиться на досконалий закон свободи і перебуває в ньому, той не слухач-забудько, а виконавець діла; він буде блаженний у своїх діях. Якова 1:25

Читання: Євангелія від Марка 12:13-17
Яким чином дискусії Ісуса з книжниками, фарисеями, садукеями, іродіянами є продовженням Його розмови з первосвящениками і старшими в храмі з Мк.11:27-33? Чому ці групи впливових людей з різними інтересами, цілями, поглядом на життя, які часто були непримиренними опонентами, об'єднались проти Ісуса?

**Понеділок, 24 жовтня**

Безперечно, Ти справедливий в усьому, що нас спіткало, адже Ти дотримувався вірності, тоді як ми грішили. Неемія 9:33

Якщо ж визнаємо свої гріхи, то Він, вірний і праведний, щоби простити нам гріхи й очистити нас від усякої неправедності. 1 Івана 1:9

Читання: Євангелія від Марка 12:13-17

Які конкретно питання стали приводом для сперечань противників із Ісусом? Чому вони хвилювали людей того часу? Наскільки вони є актуальними для нас? Які ідеї сьогодні розбурхують розум людей і розділяють світське суспільство та церкву? Як нам навчитись відстоювати свої переконання? Чи потрібно церкві вести діалог із світом чи краще уникати такої полеміки? Що означає «кесареве віддайте кесареві, а Боже – Богові»? Що конкретно ми маємо віддати Богові?

**Вівторок, 25 жовтня**

А Господь промовив [до Йони]: «Хіба в тебе є підстави для такої злості?» Йона 4:4

Якщо і впаде людина в якийсь переступ, то ви, духовні, виправляйте такого духом лагідності, кожний пильнуючи за собою, щоб і самому не потрапити в спокусу. Галатів 6:1

Читання: Євангелія від Марка 12:18-27

Де сьогодні ми зустрічаємо раціоналізм, що заперечує віру в чудеса, але вважає віру важливою?

## Середа, 26 жовтня

Встань, Боже, суди землю, бо Тобі підвладні всі народи! Псалом 82:8

Адже не послав Бог [Свого] Сина у світ, щоб судити світ, але щоби через Нього спасти світ. Івана 3:17

Читання: Євангелія від Марка 12:28-34

Чому заповіді про любов до Бога та ближнього названі найважливішими в законі? В чому має виявлятися наша любов до Бога та ближнього?

## Четвер, 27 жовтня

Тож усвідом, що Господь, твій Бог, є справжнім Богом, вірним Богом, Який до тисячного покоління зберігає Заповіт і виявляє милосердя до тих, хто Його любить і дотримується Його Заповідей. Книга Второзаконня 7:9

Непохитно тримаймося визнання надії, адже вірний Той, Хто обіцяв. Євреїв 10:23

Читання: Євангелія від Марка 12:35-37

Чому хотів навчити Ісус Своїх слухачів? Чого ми можемо навчитися з цього фрагменту про Бога?

**П'ятниця, 28 жовтня**

**День Апостолів Симона і Юди** *(червоний)*

Також і їхні нащадки, котрі його ще не знають, нехай слухають і навчаються шанувати Господа, вашого Бога, по всі дні вашого життя. Книга Второзаконня 31:13

Слава, честь і мир кожному, хто робить добро, – насамперед юдеєві, потім грекові, бо не зважає Бог на обличчя. Римлян 2:10-11

Читання: Євангелія від Марка 12:37-40

За що Христос засуджує книжників та багатих людей того часу? Які уроки ми можемо взяти для себе із цих наставлянь?

**Субота, 29 жовтня**

Радійте, небеса! Нехай веселиться земля, і радісно вигукують гори, бо Сам Господь потішив Свій народ і змилосердився над Своїми страждальцями! Ісаї 49:13

Благословенний Бог і Отець Господа нашого Ісуса Христа, Отець співчуття і Бог усякої втіхи,Який розраджує нас у всіх наших скорботах, аби і ми могли потішати тих, хто перебуває у різних скорботах, утіхою, якою Бог потішає нас самих. 2 Коринтян 1:3-4

Читання: Євангелія від Марка 12:41-44

Яке у вас залишилося враження після прочитаного фрагменту? З чим у вас асоціюються «дві лепти вдови»? До чого надихає вас ця історія?

## Неділя, 30 жовтня

**20 неділя після Трійці** (зелений)

Гасло тижня: **«О, людино, Він сказав тобі, що є добре, і чого Господь очікує від тебе, а саме: Щоб ти дотримувався правосуддя, любив чинити милосердя, і в покорі ходив з твоїм Богом!»** Міхея 6:8

Текст до проповіді: **Пісня над Піснями 8:6б-7**

Псалом 119:1-8.17.18

Буття 8:18-22.9:12-17; 2 Коринтян 3:3-9; Марка 10:2-16

Господь Бог – Сонце і Щит. Псалом 84:12

Ісус сказав учням: «Чому ви такі лякливі? Невже не маєте віри?» Марка 4:40

Читання: Євангелія від Марка 13:1-2

На скільки для тебе важлива будівля твоєї церкви? Чому християни та служителі часто приділяють надто велику увагу будинку?

## Понеділок, 31 жовтня

**Свято Реформації** (червоний)
Гасло тижня: **«Адже ніхто не може покласти іншої основи, крім уже покладеної, а нею є Ісус Христос».**

1 Коринтян 3:11
Текст до проповіді: **Псалом 46:1-12**
Псалом 46:2-12
Второзаконня 6:4-9; Римлян 3:21-28; Матвія 5:1-12

Звершуйте правосуддя і живіть праведно, рятуйте пригнobленого з рук злочинця; не робіть кривди приходцеві, сироті та вдові й не допускайте над ними насильства. Єремії 22:3
Любов – нелицемірна. Ненавидьте зло, шукайте добра. Римлян 12:9

Читання: Євангелія від Марка 13:3-23
Перерахуйте прикмети, що вказують на наближення другого приходу Ісуса. Які імперативи (дієслова в наказовому способі) використовує Ісус, щоб налаштувати учнів на прийдешні випробування? Чого Христос закликає стерегтись, а чого навпаки, не лякатися?

**Вівторок, 1 листопада**

Радісно співай і веселися, дочко Сіону, тому що Я прийду і замешкаю посеред тебе, – говорить Господь. Захарії 2:14
Благословенний Господь, Бог Ізраїля, бо Він відвідав і викупив Свій народ. Луки 1:68

Читання: Євангелія від Марка 13:3-23
До якої міри ми маємо терпіти страждання, а коли – уникати? З якої причини християни зазнають і будуть зазнавати гонінь? Хто саме ворогуватиме із ними?

**Середа, 2 листопада**

Для чого дано світло нещасним, і життя тим, котрим гірко на душі, – тим, котрі чекають смерті, а вона не приходить, хоча її шукають більше, ніж захованих скарбів? Йов 3:20-21
Однак тепер ще не бачимо, щоб їй усе було підпорядковане. Евреїв 2:8

Читання: Євангелія від Марка 13:3-23
Де приховується Бог в важкі часи? Яка Його роль в подіях, що передують кінцю часів?

**Четвер, 3 листопада**

Коли знову зберу Ізраїлевий рід з-посеред народів, куди вони були розпорошені, тоді перед усіма народами виявлю Свою святість. Єзекіїля 28:25
Боже покликання та дари – непохитні. Римлян 11:29

Читання: Євангелія від Марка 13:24-27
Як ви розумієте цей фрагмент? Чи очікуєте ви на Прихід Христа? Чи в цьому очікуванні більше радості чи страху? Чому?

**П'ятниця, 4 листопада**

Господи Саваоте, Твоє слово було для мене радістю і натхненням мого серця, адже наді мною прикликалось Твоє Ім'я. Єремії 15:16
Ісус сказав: «Якщо будете зберігати Мої заповіді, то перебуватимете в любові Моїй». Івана 15:10

Читання: Євангелія від Марка 13:28-31
Які ще аналогії зі смоківницею ви знаєте з Євангелій? Що означає ця притча?

## Субота, 5 листопада

Господи, Твоя рука міцна й потужна, так що немає такого, хто міг би Тобі протистояти! 2 Хронік 20:6
Адже я переконаний, що ні смерть, ні життя, ні ангели, ні влади, ні теперішнє, ні майбутнє, ні сили, ні висота, ні глибина, ні будь-яке інше творіння не зможе нас відлучити від Божої любові, яка в Ісусі Христі, нашому Господі! Римлян 8:38-39

Читання: Євангелія від Марка 13:32-37
Чому Син не знає дня Свого повернення? Чи Він не всезнаючий Бог? Які настанови залишає нам Христос?

## Неділя, 6 листопада

**Третя неділя до закінчення церковного року** (зелений)
Гасло тижня: **«Ось тепер - час сприятливий! Ось тепер – день спасіння!»** 2Коринтян 6:2б

Текст до проповіді: **Луки 17:20-30**
Псалом 85:9-14
Міхея 4:1-5(7б); Римлян 8:18-25

Святий, святий, святий Господь Саваот! Уся земля сповнена Його славою! Ісаї 6:3
Той, Хто покликав вас, є святий, будьте й ви святі в усьому вашому житті. 1 Петра 1:15

Читання: Євангелія від Марка 13
Про що цей розділ? Що в ньому сказано про минуле, а що про майбутнє?

## Понеділок, 7 листопада

Вийде Пагонець з Єссеєвого пня, – Паросток з його кореня видасть плід. Ісаї 11:1
Христос сказав: «Я є корінь і рід Давидів, Зоря рання, досвітня!». Об'явлення 22:16

Читання: Євангелія від Марка 14:1-2
Що означають слова Пасха, Опрісноки, миро/нард, динарій, синедріон? Чому первосвященики та книжники хотіли вбити Христа?

## Вівторок, 8 листопада

Не говори, що ти молодий, бо ти підеш до всіх, до кого лише Я тебе пошлю, і говоритимеш те, що Я тобі накажу. Єремії 1:7
Не бійся, але говори і не мовчи, бо Я з тобою, і ніхто не накинеться на тебе, щоби заподіяти тобі зло. Дії 18:9-10

Читання: Євангелія від Марка 14:3-9
Ким була жінка, що омила ноги Ісуса, і чому учні оцінили її вчинок як безрозсудний, а Ісус – як благородний? Яка з цих постав ближча вам? Чому?

## Середа, 9 листопада

Земля буде сповнена пізнання Господа так, як вода наповнює море. Ісаї 11:9
Коли ж прийде Він, Дух Істини, то поведе вас до повної істини. Івана 16:13

Читання: Євангелія від Марка 14:10-11
Як зрада Юди контрастує з вчинком жінки, що омила ноги Ісуса? Які міркування могли штовхнути Юду зробити такий крок?

## Четвер, 10 листопада

Господу не важко визволяти через багатьох чи лише через кількох осіб! 1 Самуїла 14:6
Тому не залишайте вашої відваги, оскільки вона варта великої нагороди. Євреїв 10:35

Читання: Євангелія від Марка 14:12-26
В чому схожість Пасхальної трапези та Причастя, встановленого Ісусом? В чому значення хлібу та вина, що використовуються підчас Причастя?

## П'ятниця, 11 листопада

**День Мартіна Турського** *(білий - червоний)*
Господь дав, Господь і забрав, – нехай Господнє Ім'я буде благословенним! Йов 1:21
Хвалимося, коли страждаємо, знаючи, що страждання виробляє терпеливість, а терпеливість – досвід, а досвід – надію. Римлян 5:3-4

Читання: Євангелія від Марка 14:27-31
Чому, на вашу думку, Петро категорично заявляє, що він залишиться вірним до кінця Ісусу? Чому вчить нас ця історія враховуючи її закінчення?

## Субота, 12 листопада

Викуплені Господом повернуться, – прийдуть на Сіон з радістю і веселими вигуками. Вічна радість, як корона, буде на їхніх головах. Вони успадкують радість і веселий настрій, а біль і зітхання зникнуть. Ісаї 51:11
Він [Бог] обітре кожну сльозу з їхніх очей. Об'явлення 21:4

Читання: Євангелія від Марка 14:32-42
Чому нас може навчити молитва Ісуса в Гетсиманії? Як навчитись приймати з рук Отця чашу чи обставини, які лякають нас?

## Неділя, 13 листопада

**Передостання неділя церковного року** (зелений)
Гасло тижня: **«Адже всі ми маємо з'явитися перед судовим престолом Христа».** 2Коринтян 5:10

Текст до проповіді: **Луки 18:1-8**
Псалом 50:1-6.14.15.23
Йова 14:1-17; Римлян 14:1-13; Матвія 25:31-46

Однак Гедеон попросив Його [Господа]: «Якщо я здобув Твою прихильність, то покажи мені якусь ознаку, що це Ти розмовляєш зі мною!» Суддів 6:17
І це та відвага, яку маємо до Нього, що коли чогось попросимо згідно з Його волею, Він вислуховує нас! 1 Івана 5:14

Читання: Євангелія від Марка 14:43-52
Що незвичного в арешті Ісуса? Як поводять себе учні? Чи могли вони вчинити по-іншому?

**Понеділок, 14 листопада**

Так говорить Владика Господь: «Наверніться та відверніться від ваших ідолів». Єзекіїля 14:6
Не пристосовуйтеся до цього віку, але змінюйтеся оновленням [вашого] розуму, щоб ви пізнавали, що є Божа воля: добре, приємне і досконале. Римлян 12:2

Читання: Євангелія від Марка 14:53-65
Як Ісус поводить Себе на допиті у первосвященика? Чи міг Він заперечити обвинувачення і чому Він цього не зробив? Якими титулами називають Христа в цьому розділі? Яке практичне значення вони несуть для нашого духовного життя?

**Вівторок, 15 листопада**

Самуїл сказав Саулові: «Ти затримайся, – сьогодні я сповіщу тобі Боже рішення». 1 Самуїла 9:27
Ваші ж очі та ваші вуха блаженні, бо бачать і чують. Матвія 13:16

Читання: Євангелія від Марка 14:66-72
Зречення Петра та зрада Юди – в чому їхня відмінність? Чи існує в нас сьогодні небезпека зректися Ісуса?

## Середа, 16 листопада

**День молитви і покаяння** (фіолетовий)
Гасло дня: **«Справедливість вивищує народ, а беззаконня людей ганьбить»**. Притчі 14:34

Текст до проповіді: **Об'явлення 3:1-6**
Псалом 130:1-8
Ісаї 1:10-18; Римлян 2:1-11; Луки 13:1-9

Страх Господній – це і є мудрість, а відсторонення від усякого зла – справжній розум! Йов 28:28
Отже, пильнуй, щоби світло, яке в тобі, не було темрявою. Луки 11:35

Читання: Євангелія від Марка 15:1-5
Яке звинувачення висували проти Ісуса на допиті у первосвященика і яке на допиті у Пилата? Чим пояснити цю відмінність? Чому Ісус не відповідав на питання Пилата? Чи міг Він захистити Себе? Чи розумів Пилат, що Ісус невинен і чи міг він виправдати Його? Чи можемо ми захищати себе від несправедливих звинувачень?

## Четвер, 17 листопада

Повернися, моя душе, до свого відпочинку, бо Господь робить тобі добре. Псалом 116:7
Сам Господь миру нехай завжди й усякими способами дасть вам мир. 2 Солунян 3:16

Читання: Євангелія від Марка 15:6-15
Яким чином було прийнято рішення відпустити Варавву? Чи завжди демократичне рішення більшості є найкращім варіантом? Як саме помилування Варавви допомагає нам краще зрозуміти сутність замісної жертви Христа за нас?

## П'ятниця, 18 листопада

Сказав Господь Аврамові: «Вийди зі своєї землі й від своєї родини, і з дому свого батька – в землю, яку Я тобі покажу». Буття 12:1
Наслідуйте тих, які вірою і терпінням успадковують обітниці. Євреїв 6:12

Читання: Євангелія від Марка 15:16-20
Чому Ісуса перед розп'яттям покарали бичуванню? Чи глузування було елементом кари? Що могло бути причиною такої поведінки воїнів? Чи глузували ви колись над слабшим? Як ви зараз ставитися до цього?

**Субота, 19 листопада**

Ось Господь проголосив по всіх краях землі, звелівши сказати дочці Сіону: «Наближається твій Спаситель!» Ісаї 62:11

Благословенний Бог і Отець Господа нашого Ісуса Христа, Який зі Свого великого милосердя через воскресіння з мертвих Ісуса Христа відродив нас до живої надії. 1 Петра 1:3

Читання: Євангелія від Марка 15:21-32

Яку роль відіграє в цьому фрагменті детальний опис смерті Христа?

Які групи людей в цьому розділі принижують, висміюють та лихословлять Ісуса? Як цей глум перекликається з Його випробовуванням у пустелі? Чи заважають нам критика та глузування людей здійснювати своє призначення?

## Неділя, 20 листопада

**Остання неділя церковного року Неділя вічності** (білий)
Гасло тижня: **«Хай будуть підперезані ваші стегна і хай горять ваші світильники»** Луки 12:35

Текст до проповіді: **Марка 13:28-37**
Псалом 126:1-6
Ісаї 65:17-25; Об'явлення 21:1-7; Матвія 25:1-13

Поверніться ж, діти-відступники, – говорить Господь, – адже Я ваш Владика і зберу вас та впроваджу вас на Сіон. Єремії 3:14
Тож він, підійнявшись, пішов до свого батька. Коли він був ще далеко, батько побачив його й змилосердився; побігши, кинувся йому на шию і поцілував його. Луки 15:20

Читання: Євангелія від Марка 15:33-41
Як саме крик Ісуса до Отця демонструє виконання Ним взятої на Себе місії? Що ми отримали завдяки тому, що Ісус був покинутий Отцем?

## Понеділок, 21 листопада

Я оголосив піст, аби, упокорившись перед нашим Богом, просити в Нього щасливої подорожі для нас. Ездри 8:21
Ісус сказав: «Я є дорога, і правда, і життя! Ніхто не приходить до Отця, якщо не через Мене». Івана 14:6

Читання: Євангелія від Марка 15:33-41
Як слова сотника відповідають на питання про особистість Ісуса? В результаті чого сотник дійшов такого висновку? Яке значення мало те, що наступила темрява та завіса в храмі роздерлась?

## Вівторок, 22 листопада

Він береже життя Своїх праведних і визволить їх з рук нечестивих. Псалом 97:10
В усьому виявляємо себе як слуги Бога: у великому терпінні, в стражданнях, у нещастях,.. у пригніченнях, у ранах, у в'язницях, у заворушеннях, у труднощах, у недосипаннях, у постах, у славі й безчесті, в ганьбі й похвалі; як ті, які сіють оману, але ми правдомовні; як невідомі, але добре знані; як ті, які вмирають, однак ми живі; як карані, але не страчені. 2 Коринтянам 6:4,5,8-9

Читання: Євангелія від Марка 15:42-47
Ким був Йосип з Ариматеї? Чи можна назвати його учнем Христа? Як його вчинок контрастує з діями Пилата на догоду релігійним лідерам ізраїльтян?

## Середа, 23 листопада

Підніміть, брами, свої верхи, піднесіться, віковічні брами, щоб увійшов Цар Слави! Псалом 24:7
А тим, які прийняли Його, дав владу стати Божими дітьми, – тим, які вірять у Його Ім'я. Івана 1:12

Читання: Євангелія від Марка 16:1-8
Наскільки важливим для культури першого століття є той факт, що першими свідками воскресіння Христа стали жінки? Яка сьогодні роль жінок в церкві, в родині, в суспільстві?

## Четвер, 24 листопада

Так говорить Господь: «У сприятливий час Я Тебе вислухаю і в день спасіння допоможу Тобі». Ісаї 49:8
Боже Царство всередині вас! Луки 17:21

Читання: Євангелія від Марка 16:1-8
Чому Ангел, який доручив жінкам сповістити учнів про воскресіння Христа, особливо виділив серед них Петра? Які емоції викликала у жінок звістка про воскресіння Ісуса? Чому?

## П'ятниця, 25 листопада

Господь встановив сонце, щоб світило вдень, а також місяць і зірки, щоб сяяли вночі; Котрий збурює море, так що Його хвилі ревуть: Господь Саваот – Його Ім'я! Єремії 31:35

Для нас один Бог – Отець, від Якого походить усе, і для Якого є ми, і один Господь – Ісус Христос, через Якого все, і ми через Нього. 1 Коринтян 8:6

Читання: Євангелія від Марка 16:9-14

Які раціональні аргументи можна навести на доказ того, що Ісус дійсно воскрес із мертвих? У найдавніших рукописах Євангелія від Марка відсутній фрагмент Мк.16:9-20. Чому? Як міг з'явитися цей фрагмент? Які істини і з якою метою передає це «подовжене завершення»?

## Субота, 26 листопада

Ходитиму перед Господом у країні живих. Псалом 116:9

Бог же не є Богом мертвих, а живих, бо всі для Нього живуть! Луки 20:38

Читання: Євангелія від Марка 16:15-20

Яким чином церква має сьогодні продовжувати місію, яку почав Ісус підчас Свого першого приходу?

**Неділя, 27 листопада**

**1 неділя Адвенту** (фіолетовий)

Гасло тижня: **«Ось Цар твій до тебе гряде, справедливий і повний спасіння, покірний, і їде на ослі, і на молодім віслюкові, сині ослиці»** Захарії 9:9

Текст до проповіді: **Об'явлення 3:14-22**

Псалом 24:1-10

Захарії 9:9-10; Римлян 13:8-12; Матвія 21:1-11

Тому стережіться, щоб ви не забули Заповіту Господа, вашого Бога, який Він уклав з вами, і не зробіть собі жодної різьбленої подоби, як наказав вам Господь, ваш Бог. Книга Второзаконня 4:23

Він [Христос] – образ невидимого Бога, первородний усього творіння. Колосян 1:15

**Понеділок, 28 листопада**

На твоїх стінах, Єрусалиме, я поставив вартових. Протягом усього дня і всієї ночі вони не замовкатимуть. Ісаї 62:6

Ми маємо ще непорушне пророче слово. Ви добре робите, зважаючи на нього як на світильник, який світить у темному місці, – доки почне розвиднятися, і ранкова зоря засяє у ваших серцях. 2 Петра 1:19

**Вівторок, 29 листопада**

Адже втомлюються і знемагають молоді люди, – спотикаються і падають юнаки, – але хто покладається на Господа, відновлятимуться силами! Вони розправлять крила, як орли, – побіжать і не втомляться, підуть і не знесиляться. Ісаї 40:30-31

Отже, мій сину, міцній у благодаті, яка в Ісусі Христі. 2 Тимофія 2:1

**Середа, 30 листопада**

**День Апостола Андрія** *(червоний)*

Він дає втомленому силу і підтримує знеможеного. Ісаї 40:29

Сказав їм Ісус: «Я – хліб життя! Хто приходить до Мене, – не буде голодувати, і хто вірить у Мене, – ніколи не буде спраглим». Іван 6:35

**Четвер, 1 грудня**

Яків сказав: «А тепер вставайте й підемо до Бетеля. Там я споруджу жертовник Богові, Який мені відповів у день моєї скрути, та був зі мною в дорозі, якою я йшов». Буття 35:3

Дякуйте завжди і за все Богові й Отцеві в ім’я Господа нашого Ісуса Христа. Ефесян 5:20

**П’ятниця, 2 грудня**

Мойсей відповів: «О, якби то весь Господній народ став пророками, і щоб Господь дав їм Свого Духа!» Числа 11:29

Духа не вгашайте, пророцтвом не нехтуйте, усе досліджуйте і доброго держіться. 1 Солунян 5:19-21

**Субота, 3 грудня**

Він дивиться з висоти Своєї Святині, – Господь споглядає з небес на землю, аби чути стогони в’язнів й визволяти дітей, приречених на смерть. Псалом 102:19-20

Отже, якщо Син визволить вас, то справді будете вільні. Івана 8:36

**Неділя, 4 грудня**

**2 неділя Адвенту** (фіолетовий)

Гасло тижня: **«Випростайтеся і підійміть свої голови, бо наближається ваше визволення»** Луки 21:28

Текст до проповіді: **Пісня над Піснями 2:8-13**

Псалом 80:2.3б.5.6.15.16.19.20

Ісаї 63:15-64:3; Якова 5:7-11; Луки 21:25-33

Як пастух переглядає свою отару того дня, коли він перебуває посеред своїх розпорошених овець, так Я перегляну Мою отару й врятую овець. Єзекіїля 34:12

Я – Пастир добрий! Пастир добрий кладе Свою душу за овець. Івана 10:11

**Понеділок, 5 грудня**

Навчи мене чинити волю Твою, бо Ти – мій Бог. Нехай Твій добрий Дух провадить мене по рівній дорозі! Псалом 143:10

Плід же Духа – любов, радість, мир, довготерпіння, ласкавість, доброта, віра, лагідність, стриманість. Галатів 5:22-23

**Вівторок, 6 грудня**

Ти більше не будеш чути про насильство у твоїй країні, ані про спустошення чи руйнування в межах твоїх кордонів, але назвеш свої стіни Спасінням, а свої брами – Хвалінням. Ісаї 60:18

Ми за Його обітницею чекаємо нових небес і нової землі, в яких проживає праведність. 2 Петра 3:13

**Середа, 7 грудня**

Горе тим, котрі за хабарі виправдовують винуватого, а невинному відмовляють у справедливості. Ісаї 5:22,23

Те, що істинне, що чесне, що справедливе, що чисте, що любе, що гідне хвали, – коли яка чеснота або коли яка похвала, – про це роздумуйте. Филип'ян 4:8

**Четвер, 8 грудня**

Так кожний чоловік та жінка, серця яких були спонукані приносити щось на всі роботи, Ізраїльські нащадки приносили як добровільний дар Господу. Вихід 35:29

І ви самі, немов живе каміння, збудовуйтеся в духовний дім, щоби бути святим священством, приносити духовні жертви, приємні Богові, через Ісуса Христа. 1 Петра 2:5

**П'ятниця, 9 грудня**

Але ж Він поніс на Собі наші недуги, взяв на Себе наші страждання, тоді як ми вважали, що Він покараний, побитий і принижений Богом. Ісаї 53:4

Подумайте ж про Того, Хто від грішників перетерпів таку наругу над Собою, щоб ви не знемоглися та не ослабли вашими душами. Євреїв 12:3

**Субота, 10 грудня**

Адже, як нове небо і нова земля, які Я створю, залишатимуться перед і Мною, – каже Господь, – так само перебуватиме завжди ваше потомство і ваше ім'я. Ісаї 66:22

Багато хто прийде зі сходу й заходу і сяде з Авраамом, Ісааком та Яковом у Царстві Небесному. Матвія 8:11

**<u>Неділя, 11 грудня</u>**

**3 неділя Адвенту** (фіолетовий)

Гасло тижня: **«Приготуйте Господеві дорогу, - рівняйте в степу стежку нашому Богові! Мій Владика Господь гряде у великій могутності»** Ісаї 40:3.10

Текст до проповіді: **Ісаї 40:1-11**

Псалом 85:2-8

1 Коринтян 4:1-5; Луки 1:67-79

Адже перед Господніми очима всі дороги людини, – Він бачить усі її стежки. Притчі Соломона 5:21

Марія промовила: «Ось, я раба Господня, нехай буде мені за словом твоїм!» Луки 1:38

**<u>Понеділок, 12 грудня</u>**

Засяй світлом Свого обличчя на Твого раба, спаси мене у Своєму милосерді. Псалом 31:17

Ви були колись темрявою, а тепер є світлом у Господі. Ефесян 5:8

**<u>Вівторок, 13 грудня</u>**

Не спокушуйте Господа, вашого Бога. Книга Второзаконня 6:16

Не обманюйтеся, – Бог осміяний бути не може. Бо що лише людина посіє, те й пожне. Галатів 6:7

## Середа, 14 грудня

Того дня приєднається до Господа багато народів, і стануть вони Моїм народом. Захарії 2:15

Після цього я поглянув – і ось величезний натовп, якого злічити ніхто не міг, з кожного народу, покоління, народності й племені. Вони стояли, зодягнені в білий одяг, перед престолом і перед Агнцем. Об'явлення 7:9

## Четвер, 15 грудня

О, як же добре і як приємно, коли брати живуть у згоді! Адже там Господь заповів благословення й життя навіки. Псалом 133:1,3

Бо як в одному тілі маємо багато членів, а всі члени виконують не однакові дії, так само, хоч і багато нас, але ми є одним тілом у Христі, а окремо ми один для одного є членами. Римлян 12:4-5

## П’ятниця, 16 грудня

Господи, Ти мене випробував і знаєш. Ти відаєш, коли я сідаю і коли встаю, – Ти заздалегідь знаєш думки мої. Псалом 139:1-2

У Ньому ми живемо, рухаємося та існуємо. Дії 17:28

**Субота, 17 грудня**

Благословляйте, народи, нашого Бога, і проголошуйте хвалу Йому! Він зберіг нас при житті й не дозволив схибити нашим ногам. Псалом 66:8-9

А Тому, Хто може зберегти вас від падіння і поставити перед Своєю славою непорочними в радості, – єдиному Богові, нашому Спасителеві, через Господа нашого Ісуса Христа, – слава, велич, сила та влада раніше всякого віку, і нині, й на всі віки! Юди 24-25

**Неділя, 18 грудня**

**4 неділя Адвенту (фіолетовий)**

Гасло тижня: **«Радійте завжди в Господі; і ще раз кажу: радійте! Нехай ваша лагідність стане відомою всім людям»** Филипян 4:4.5б

Текст до проповіді: **Филипян 4:4-7**

Псалом 102:13.14.16-18.20-23

Ісаї 62:1-5; Луки 1:26-38(39-56)

Господь відповів Мойсеєві: «Хто дав уста людині, або хто його робить німим чи глухим, зрячим чи сліпим? Хіба не Я, Господь?» Вихід 4:11

Моє слово, і моя проповідь – не в переконливих словах мудрості, але в проявах Духа та сили. 1 Коринтян 2:4

**Понеділок, 19 грудня**

Називатимуть тебе твоїм новим ім'ям, яке визначать Господні уста. Ісаї 62:2

Отже, хто в Христі, той нове творіння; давнє минуло, – ось постало [все] нове! 2 Коринтян 5:17

**Вівторок, 20 грудня**

Ной знайшов прихильність у Господніх очах. Буття 6:8

Як прийде Людський Син, то чи знайде Він віру на землі? Луки 18:8

**Середа, 21 грудня**

Шукав я Господа, і Він відізвався. Від усіх моїх небезпек Він визволив мене. Псалом 34:5

Ангел промовив до нього: «Не бійся, Захаріє, тому що молитва твоя почута!» Луки 1:13

**Четвер, 22 грудня**

Та й ви, котрі Бога шукаєте, – нехай оживе ваше серце! Псалом 69:33

Вона ввійшла в дім Захарії і привітала Єлизавету. Коли ж почула Єлизавета привітання Марії, заворушилося немовля в її утробі. Єлизавета сповнилася Святим Духом. Луки 1:40-41

**П'ятниця, 23 грудня**

Підіймися, Господи, в Своїй силі. Ми ж будемо співати, прославляючи могутність Твою. Псалом 21:14

Безперечно, що таємниця благочестя велика: Той, Хто з'явився в тілі, оправдався в Дусі, показався ангелам, був проповідуваний між народами, в Нього повірили у світі, Він вознісся в славі. 1 Тимофія 3:16

**Субота, 24 грудня**

**Вігілія Різдва Христового, Святий Вечір** (білий)

Гасло дня: **«Не бійтеся, бо я звіщаю вам велику радість, яка буде для всього народу: для вас сьогодні в місті Давида народився Спаситель, Який є Христос Господь».** Луки 2:10б.11

Текст до проповіді: **Луки 2:1-20**

Псалом 96:1-3.7-13

Ісаї 9:1-6; Галатам 4:4-7

Він (Цар) проголосить мир усім народам. Захарії 9:10

Слава Богові на висоті, а на землі – мир в людях доброї волі! Луки 2:14

**Неділя, 25 грудня**

**Різдво Христове** (білий)

Гасло Різдва: **«І Слово стало тілом, і перебувало між нами, і ми побачили славу Його».** Івана 1:14а

Текст до проповіді: **Колосянам 2:3-10**

Псалом 96:1-3.7-13

Ісаї 52:7-10; Тита 3:4-7; Івана 1:1-5.9-14(16-18)

Тому негайно відкиньте від себе чужих богів, які є ще у вас, і цілковито прихиліть ваші серця до Господа. Ісус Навин 24:23

Бога ніхто ніколи не бачив, та Єдинородний Бог, Який у лоні Отця, – Він явив Його. Івана 1:18

**Понеділок, 26 грудня**

**День першомученика Стефана** (червоний)

Люди поблагословили царя, та й розійшлись по своїх домівках, радісні й від душі задоволені усім тим добром, яке Господь учинив для Свого слуги Давида та для всього Ізраїлю, Його народу. 1 Царів 8:66

Поспішаючи, вони [пастухи] прийшли та знайшли Марію, Йосипа й Немовля, Яке лежало в яслах. Побачивши, вони розповіли про те, що було сказано їм про цю Дитину. Луки 2:16-17

**Вівторок, 27 грудня**

**День Апостола і Євангеліста Івана** (білий)

Але, як раніше Я пильно наглядав над ними, щоб викорінювати й збурювати, руйнувати, нищити і вщент губити, так тепер буду про них турбуватись, аби відбудовувати і насаджувати, – говорить Господь. Єремії 31:28

Отже, брати, будьте довготерпеливі до Господнього приходу. Ось хлібороб очікує дорогоцінного врожаю від землі, терпляче очікує його, доки випадуть ранній та пізній дощі. Якова 5:7

**Середа, 28 грудня**

Чому ти впадаєш у відчай, душе моя, чому тривожишся в мені? Покладайся на Бога, адже я й далі прославлитиму Його – мого Бога і Спасителя мого. Псалом 42:12

Тому, маючи таку надію, діємо з великою сміливістю. 2 Коринтян 3:12

**Четвер, 29 грудня**

Хіба Бог може сказати і не зробити, пообіцяти і не дотриматись слова? Числа 23:19

Божий Син, Ісус Христос, не був «так» і «ні»; у Ньому завжди було – «так»! 2 Коринтян 1:19

## П'ятниця, 30 грудня

Шість днів працюватимеш і робитимеш усі свої діла, а сьомий день – субота Господу, Богові твоєму. Не робитимеш жодної праці. Вихід 20:9-10
Суботу встановлено для людини. Марка 2:27

## Субота, 31 грудня

Так сказав Господь: «Я стану табором і охороною навколо Мого Храму». Захарії 9:8
Що ж скажемо на це? Якщо Бог за нас, то хто проти нас? Той, Хто Свого Сина не пощадив, а видав Його за нас усіх, то хіба разом з Ним не подарує нам і всього? Римлян 8:31-32

## Різниця в назві книг Старого Заповіту

| Сучасний український переклад | Синодальний переклад (російська мова) |
|---|---|
| 1 Книга Самуїла | 1 Книга Царств |
| 2 Книга Самуїла | 2 Книга Царств |
| 1 Книга Царів | 3 Книга Царств |
| 2 Книга Царів | 4 Книга Царств |
| 1-2 Хронік | 1-2 Парапоменон |

## Різниця нумерації Книги Псалмів

| Сучасний український переклад | Синодальний переклад (російська мова) |
|---|---|
| 1-8 | 1-8 |
| 9-10 | 9 |
| 11-113 | 10-112 |
| 114-115 | 113 |
| 116 | 114-115 |
| 117-146 | 116-145 |
| 147 | 146-147 |
| 148-150 | 148-150 |

ISBN 978-3-7245-2592-9

www.reinhardt.ch